Langenscheidt

Bürokorrespondenz Französisch

Musterbriefe und Textbausteine

Von Vera Eck und Catherine Blondé

Langenscheidt

Berlin · München · Wien · Zürich · New York

Umwelthinweis: gedruckt auf chlorfrei gebleichtem Papier

Umschlaggestaltung: Independent Medien-Design

Druck: Presse-Druck, Augsburg
Printed in Germany
ISBN 3-468-29932-X
www.langenscheidt.de

1. 2. 3. 4. 5. * 05 04 03 02 01

Inhalt

Vorwort

Europa wächst zusammen – und die Globalisierung schreitet voran. Da werden Kommunikation und Korrespondenz auch mit französischsprachigen Geschäftspartnern in Europa und Übersee immer notwendiger. Gerade jetzt, wo immer mehr Auslandskontakte in allen Bereichen auf uns zukommen, ist es wichtig, sich »zu verstehen«.

Nicht nur das reine Verstehen ist wichtig – sondern auch der »Respekt«, den man einem Geschäftspartner entgegenbringt, wenn man sich bemüht, in seiner Sprache zu kommunizieren.

Die wichtigsten Formulierungen im Französischen sind in diesem Buch zusammengestellt, die es Ihnen erleichtern werden, sich im fremdsprachigen Büro- und Geschäftsalltag zurechtzufinden. Sie finden hier Tipps und Hilfen, angefangen vom einfachen Brief über Sachbearbeitung und Telefonate bis hin zum Buchen von Hotels und Anmelden zu Konferenzen.

Schon einfache, aber präzise Formulierungen lassen das Gespräch oder den Brief professioneller wirken. Genau so verhält es sich mit der Betreuung von Gästen in Ihrem Unternehmen. Einfache, schnell erlernbare französische Sätze lassen Sie freundlicher, höflicher und sicherer wirken. Das Gespräch mit einem ausländischen Gast ist dann keine Qual mehr, Sie können vielmehr ganz entspannt solchen Situationen begegnen.

Dieses Buch ist in drei Kapitel aufgeteilt. Das erste Kapitel enthält Ganzsatz-Übersetzungen. Das zweite Kapitel bietet Musterbriefe, und das dritte Kapitel gibt Ihnen zusätzliche Informationen, wie z. B. das internationale Buchstabieralphabet, Vorwahlnummern und das Ansagen der Telefonnummer sowie eine kurze Übersicht über die grammatikalischen Besonderheiten des Französischen. Im Anhang haben wir noch einmal die wichtigsten Vokabeln alphabetisch sortiert.

Wir hoffen, dass Ihnen dieses Buch den Arbeitsalltag im Umgang mit der französischen Sprache erleichtern wird, und wünschen Ihnen weiterhin viel Erfolg.

Allgemeines zur Gestaltung des französischen Briefes

Fremdsprachliche Briefe können problemlos in Verbindung mit unserer DIN geschrieben werden. Sie müssen das Format Ihres Briefes nicht anpassen, da der französische Brief längst nicht in dem Maße Normen unterworfen ist, wie wir es kennen. Hier aber die wichtigsten Grundregeln:

- Im informellen Brief wird der Absender des Briefes auf der linken Seite, der Empfänger auf der rechten Briefseite geschrieben.
- Die Anrede lautet entweder *cher* bzw. *chère* oder häufig einfach nur *Monsieur* bzw. *Madame.*
- Nach der Grußformel wird der erste Buchstabe großgeschrieben.
- Die Grußformel muss zur Adressanschrift passen.
- Um den rechtlichen Hintergrund zu wahren, empfiehlt es sich, Angaben wie ppa. und i. V. in Komma eingefügt unübersetzt zu schreiben.
- Das Datum sollte unmissverständlich, also möglichst den Monatsanteil ausgeschrieben oder abgekürzt, geschrieben werden.

Die im zweiten Kapitel beispielhaft angeführten Briefe sind größtenteils aus der Sicht »Frau schreibt an Mann« geschrieben. Bitte achten Sie daher auf die geschlechtsspezifischen Endungen der Verben (z. B. *il est invité,* aber *elle est invitée*). Mehr dazu finden Sie im Kapitel 3 (»Grammatik/Besonderheiten«, S. 111ff.).

Textbausteine: Redewendungen und Standardformulierungen

Der Brief – Allgemeine Angaben

Adresse	Adresse (f.)
Absender	Expéditeur: oder De:
Empfänger	Destinataire: oder Pour:

Versandangaben

Blindsendung	Cécogramme
Brief	Lettre (f.)
Drucksache	Imprimés
Eigenhändig	À remettre en main propre
Eilzustellung	Express
Einschreiben	Lettre recommandée (f.)
Frei von Entgelt und Abgaben	Franc de taxes et de droits
Luftpostleichtbrief	Aérogramme
Luftpost	Par avion/Prioritaire
Nachnahme	Remboursement
Postkarte	Carte postale
Postlagernd	Poste restante
Rückschein	Avis de réception
Persönlich	Personnel
Telefax	Fax (m.)
Telegramm	Télégramme (m.)
Luftpost	Par avion
Vertraulich	Confidentiel
Vorsichtig anfassen	Manipuler prudemment
Wert	Valeur (déclarée)
Falls unzustellbar, zurück an den Absender	Si inconnu à l'adresse, prière de retourner à l'expéditeur

Empfängeranrede

Familie	Famille (f.)
»Fräulein«	Mademoiselle (f.), Mlle.
Frau	Madame (f), Mme
Herren	Messieurs, MM.
Herrn	Monsieur (m.), M.
Herrn Prof.	Monsieur le Professeur
Sehr geehrte Damen und Herren,	Mesdames et Messieurs,
Sehr geehrter Herr,	Cher Monsieur,
Sehr geehrte Dame,	Chère Madame,
Herrn Dr.	Docteur
in Fa. Müller & Co.	de la compagnie Müller & Co.
zu Händen Herrn Torkier	A l'attention de M. Torkier Attn (= attention): Monsieur Torkier A remettre à Monsieur Torkier

Datum

Berlin, 31. Dezember 2001	Berlin, le 31 décembre 2001
Berlin, 31.12.01	Berlin, le 31.12.01
31.12.01	Le 31.12.01
31. d. M.	31 ct
Berlin, im Januar 2001	Berlin, janvier 2001

Betreff

Ihr Anschreiben vom 08.12.01	Votre lettre du 8 décembre 2001
Ihr Schreiben vom 14. April 2001 an unsere Abteilung Vertrieb	Votre lettre du 14 avril 2001 adressée à notre service commercial
Ihr Schreiben vom 05.05.01, eingegangen am 12.05.01	Votre lettre du 5 mai 2001, reçue le 12 mai 2001

Ihr Telefonat vom 2. April 2001 mit unserer Frau Schäfer	Votre conversation téléphonique du 2 avril 2001 avec Madame Schäfer
Auftragsbestätigung	Accusé de commande
Empfangsbestätigung	Accusé de réception
Ihre Anfrage bezüglich unserer Artikel »Ciber«	Votre demande concernant nos articles »Ciber«
Ihre Bestellung vom 2. Dezember 2001	Votre commande du 2 décembre 2001
Ihre Lieferung vom 20.12.01	Votre livraison du 20 décembre 2001
Ihre schriftliche Anfrage vom 8. Mai 2001	Votre demande écrite du 8 mai 2001
Ihre telefonische Anfrage nach unserem Artikel »Femur«	Votre demande par téléphone concernant notre article »Femur«
Ihre Zeichen/Unsere Zeichen	Votre référence/ Notre référence (Singular) Vos références/ Nos références (Plural) oder N/Réf.: V/Réf.:

Einführung

Vielen Dank für Ihr Interesse an unserem Sortiment	Nous vous remercions de l'intérêt que vous portez à notre produit
Wir haben eine zufrieden stellende Lösung für dieses Problem gefunden	Nous avons trouvé une solution satisfaisante à ce problème
Ich erlaube mir, Sie an Ihr Versprechen zu erinnern	Je me permets de vous rappeler votre promesse
Wie in einem Telefonat zwischen Ihnen und Herrn Schmidt bereits ausführlich besprochen, teilen wir Ihnen Folgendes mit	Suite à votre discussion téléphonique avec Monsieur Schmidt, nous vous informons que

Wir freuen uns, Ihnen mitteilen zu können, dass wir bis zum 2. Mai 2001 Ihre Bestellung ausliefern werden	Nous avons le plaisir de vous informer que nous serons en mesure de vous livrer votre commande pour le 2 mai 2001
Vielen Dank für Ihr Schreiben vom 10. April 2001, in dem Sie uns mitteilten, dass	Nous vous remercions de votre lettre du 10 avril 2001 dans laquelle vous nous informez que
Ich bestätige den Empfang Ihres Schreibens vom 20.03.01	J'accuse réception de votre lettre du 20.03.01
Bitte teilen Sie mir mit, wie lange die Garantiezeit ist	Merci de m'informer de la durée de la garantie
Vielen Dank für Ihre Nachfrage vom 10. September 2001 und das damit verbundene Interesse an unserem Unternehmen	Nous vous remercions de votre requête du 10 septembre 2001 ainsi que de votre intérêt pour notre entreprise
Ich beziehe mich auf das mit Ihrer Abteilung »Warenannahme« geführte Telefonat, in dem Sie den Empfang der Ware bestätigt haben	En référence à notre conversation téléphonique avec votre service «réception des marchandises», durant laquelle vous avez confirmé la réception des articles
Bezüglich des Telefonates mit Ihrer Frau Schmidt und unserem Herrn Hiller teilen wir Ihnen mit, dass wir den Auftrag Ihrem Wunsch entsprechend ausführen werden	Suite à la conversation téléphonique entre Madame Schmidt et Monsieur Hiller, nous vous informons que nous serons en mesure de répondre à vos attentes
Ich freue mich, Ihnen mitzuteilen, dass Ihr Antrag bewilligt ist	Je suis heureux de vous annoncer que votre demande est acceptée
Mit Bezug auf das von Ihnen zur Verfügung gestellte Muster freuen wir uns, Ihnen mitteilen zu können, dass	Concernant les échantillons que vous nous avez envoyés, nous sommes heureux de vous informer que

Ich beziehe mich auf Ihr Schreiben vom 20.12.00, in dem Sie mir mitteilen, dass Sie am 11.01. 2001 an der oben genannten Veranstaltung als Redner teilnehmen wollen.	Concernant votre courrier du 20.12.00 dans lequel vous m'informez de votre désir de prendre part le 11.01.2001 à la manifestation mentionnée ci-dessus en tant qu'orateur
Wie in unserem Schreiben vom 20.12.01 bereits ausführlich beschrieben, besteht der Kühlschrank aus 100% FCKW-freiem Material	Comme cela est clairement décrit dans notre courrier du 20.12.01, le réfrigérateur est composé dans son intégralité de matériaux sans C.F.C

Abschlussfloskeln

Bitte bestellen Sie auch weiterhin bei uns	Merci de prendre contact pour une prochaine commande
Ich bedanke mich für Ihre Arbeit	Je vous remercie de votre travail
Sie können sicher sein, dass wir unser Bestes tun werden	Vous pouvez être certain que nous ferons de notre mieux
Falls Sie weitere Informationen benötigen, stehe ich Ihnen gerne unter der Tel.-Nr. 22 55 zur Verfügung	Si vous avez besoin d'informations complémentaires, vous pouvez me joindre au n° 22 55
Bitte rufen Sie mich an, falls ich Ihnen mit weiteren Informationen helfen kann	Merci de me contacter par téléphone si vous avez besoin d'informations complémentaires
Wir hoffen, dass Sie uns auch weiterhin Ihr Vertrauen schenken	Nous espérons que vous voudrez bien nous conserver votre confiance

Ich danke Ihnen im Voraus bestens für die schnelle Bearbeitung	D'avance, je vous remercie cordialement de traiter ma demande dans les plus brefs délais
Ich hoffe, Sie bald einmal persönlich kennenlernen zu können	J'espère avoir bientôt le plaisir de vous rencontrer personnellement
Ich hoffe, wir haben Ihnen mit diesen Angaben geholfen	J'espère que ces informations répondront à votre attente
Im Voraus vielen Dank für Ihre Bemühungen	Je vous remercie par avance de votre diligence
Ich wäre Ihnen sehr zu Dank verpflichtet, wenn Sie mich über den Vertrag informieren würden	Je vous serais fort obligé de bien vouloir m'informer sur le contrat
Ich würde mich freuen, wenn ich die Gelegenheit hätte, wieder einmal mit Ihnen zusammenarbeiten zu können	Je me réjouirais, si j'en avais l'occasion, de pouvoir à nouveau travailler avec vous
In der Hoffnung, bald von Ihnen zu hören	Dans l'attente de vos nouvelles très bientôt
Wir hoffen trotzdem, dass Sie uns immer als zuverlässige Lieferanten in Erinnerung behalten	Nous espérons néanmoins que vous garderez toujours en mémoire la qualité de nos services
Ich freue mich, Sie zu diesem Anlass persönlich kennen zu lernen	Je me réjouis à cette occasion de vous rencontrer personnellement
Ich hoffe, dass wir die Angelegenheit im beiderseitigen Einverständnis klären können	J'espère que nous pourrons régler cette affaire à l'amiable
In Erwartung einer baldigen Antwort, Vera Jung	Dans l'attente d'une prompte réponse, Vera Jung
Wir hoffen, Sie sind auch diesmal mit der Ausführung der Arbeiten zufrieden	Nous espérons que vous serez comme toujours satisfaits de notre service

Grußformeln

Wenn diese Anrede …	dann diese Grußformel	Wenn diese Anrede …	dann diese Grußformel
Sehr geehrte Damen und Herren	Hochachtungsvoll	Mesdames et Messieurs	Nous vous prions de croire, Mesdames, Messieurs, à l'expression de nos sentiments respectueux
Sehr geehrter Herr Schmidt	Mit freundlichen Grüßen	Monsieur, (oder Cher Monsieur Schmidt)	Nous vous prions de croire, Monsieur, à l'assurance de nos sentiments dévoués
Lieber Herr Schmidt	Mit den besten Grüßen	Cher Monsieur Schmidt	Veuillez agréer nos salutations distinguées
Sehr geehrte Frau Schmidt	Im Voraus besten Dank für Ihre Mühe	Madame, (oder Chère Madame Schmidt)	Nous vous remercions, par avance, de votre diligence
Lieber Fred Liebe Vera Liebe Freunde	Deine Renate	Cher Fred Chère Vera Chers amis	Renate

Unterschriften

Unterschreiben Sie unten auf dieser Seite	Apposez votre signature au bas de cette page.
Geschrieben von Nadja Emminghaus	écrit par Nadja Emminghaus
Dieses Schreiben bedarf keiner Unterschrift	Ce courrier ne nécessite aucune signature
Diktiert – nicht gelesen	dicté – non lu
Diktiert von Manfred Hüter	dicté par Manfred Hüter
für Herrn Lies i. A. Veronika Tallmann	pour Monsieur Lies p. o. Veronika Tallmann
Gezeichnet Melanie Süß	signé Melanie Süß
i. A. (im Auftrag)	p. o. (par ordre)
in Abwesenheit von Marian Gerke i. V. (in Vertretung)	en l'absence de Marian Gerke par délégation
Die Richtigkeit dieser Abschrift bestätigt	Copie certifiée conforme
ppa.	par procuration

Anlagen/Zusätzliche Angaben

Original (Urschrift)	Minute
Ablage Abteilung Dokumentation	Documentation du département des archives
»wen es angeht«	«à qui de droit»
Anlage	Pièce jointe oder annexe (f)
Anlagen	Pièces jointes oder annexes (f)
Siehe Anlage 5	Voir l'annexe No 5
Bitte an die betreffenden Stellen weiterleiten	Merci de faire suivre ce courrier à la personne concernée
Rundschreiben	Circulaire
Die Anlagen zum Bericht sind beigefügt	Les pièces annexes du rapport sont jointes.

Anbei eine Abschrift des Schreibens	ci-inclus copie de la lettre
Bitte an Ihre Abteilung Wareneingang in doppelter Ausführung verteilen	Merci de distribuer deux copies à votre service réception des marchandises
Bitte behandeln Sie diese Kopie als Ihr Original	Merci de traiter cette copie comme votre original
Bitte intern kopieren	Merci de communiquer l'information en interne
Bitte intern verteilen	Merci de distribuer en interne
Bitte nach Prüfung zurück	Merci de retourner après examen
Bitte nach Unterschrift zurück	Merci de retourner le document après signature
Verteiler: Kopie an:	distribution (f) Copie à: (c.c. = copie conforme)

Sachbearbeitung

Bestellung

Hiermit bestelle ich zum schnellstmöglichen Zeitpunkt folgende Artikel	Je voudrais rapidement commander les articles suivants
Teilen Sie mir bitte den günstigsten Preis mit	Veuillez bien me faire connaître votre dernier prix
Mit diesem Schreiben bestelle ich das Sofa »BRIGITTE«	J'aimerais commander le canapé «BRIGITTE»
Die Rechnung begleiche ich per Scheck	Je fais le règlement de la facture par chèque
Ich bestelle die folgenden Waren aus Ihrem neuesten Katalog	Je vous commande les articles suivants tirés de votre tout dernier catalogue
Alle bis zum 20.12.01 eingehenden Bestellungen werden wir noch in diesem Jahr ausführen können	Toutes les commandes arrivées avant le 20 décembre 2001 seront traitées pour la fin de l'année

Bitte bestellen Sie demnächst nur noch schriftlich	Dans l'avenir, merci de passer commande uniquement par écrit
Bitte lassen Sie die Bestellung durch eine unterschriftsberechtigte Person unterschreiben	Merci de faire signer la commande par une personne habilitée
Die Bestellung kann nicht in dem gewünschten Zeitraum ausgeführt werden	La commande ne peut pas être exécutée dans le temps escompté
Bitte senden Sie uns die Bestellung noch einmal im Original zu	Merci de nous renvoyer la commande dans sa version originale
Vielen Dank für Ihre Bestellung vom 12. April 2001	Nous vous remercions de votre commande du 12 avril 2001

Lieferung

Bitte bedenken Sie, dass eine weitere Lieferverzögerung ein Stornieren unserer Bestellung mit sich bringt	Veuillez noter que tout délai supplémentaire dans la livraison conduira à l'annulation de notre commande
Wir werden die bestellten Artikel per LKW liefern	Les articles vous seront livrés par service routier
Die beifügte Ware ist Teil der Lieferung vom 31. Mai 2001	Les produits ci-joints font partie de la livraison du 31 mai 2001
Die Lieferung erfolgt frachtfrei per Nachnahme	La livraison sera effectuée franco de port contre remboursement
Alle weiteren Lieferungen bitten wir, an unser Werk in Köln zu senden	Merci d'envoyer toute autre livraison à notre usine à Cologne
Bitte liefern Sie umgehend	Merci de nous livrer dans les plus brefs délais
Sie haben mit Recht darauf hingewiesen, dass die Lieferzeiten zu lang sind	Vous avez, à juste titre, signalé que les délais de livraison sont trop longs

Bitte veranlassen Sie die Abholung der Lieferung	Merci de vous occuper de venir chercher la livraison
Mit Ihrer Unterschrift erkennen Sie unsere Lieferbedingungen an	Votre signature tient lieu d'accord pour nos conditions de livraison
Die Lieferung erfolgt frei Haus	La fourniture est faite à domicile
Die Lieferung ist kostenlos	La livraison est effectuée gracieusement

Zahlung

Bitte zahlen Sie per Scheck	Merci de régler par chèque
Die Summe ist in Raten zu 300 DM zahlbar	La somme est payable par fractions de 300 DEM
Bitte zahlen Sie per Verrechnungsscheck	Merci de régler par chèque barré
Muss ich eine Provision zahlen?	Est-ce qu'il faut payer une commission?
Zahlbar rein netto Kasse	Payable au comptant sans escompte
Die Firma ist nicht in der Lage zu zahlen	La firme est hors d'état de payer
Nehmen Sie Euroschecks?	Est-ce que vous acceptez les eurochèques?
Mit Ihrer Unterschrift erkennen Sie unsere Zahlungsbedingungen an	Votre signature tient lieu d'accord pour nos conditions de paiement
Wir bestätigen den Barkauf	Nous confirmons l'achat au comptant
Dieser Preis enthält alle Nebenkosten	Ce prix comprend tous les frais accessoires
Sie erhalten einen Pauschalbetrag	Vous recevez une somme forfaitaire
Der Lieferant gewährt vorteilhafte Bedingungen	Le fournisseur fait des conditions avantageuses

Wir tauschen während der Garantiezeit kostenlos um	Nous vous échangeons la marchandise gratuitement pendant la période de garantie
Alle Unkosten gehen zu Lasten des Empfängers	Tous les frais sont à la charge du destinataire
Ich möchte das Geld zurückerstattet bekommen	Je voudrais me le faire rembourser
Anliegend unsere Zahlungsbedingungen	Veuillez trouver ci-joint nos conditions de paiement
Muss ich einen Zuschlag zahlen?	Y a-t-il un supplément à payer?
Wie ist der aktuelle Kurs des Franc?	Quel est le cours actuel du Franc?
Wie ist Ihre Bankverbindung und Kontonummer?	Quelles sont vos coordonnées bancaires, quel est votre numéro de compte?
Was wird das kosten?	Combien cela va-t-il coûter ?
Zahlungstermin ist der 2. April 2001	Date limite de paiement: le 2 avril 2001
Akzeptieren Sie Kreditkarten?	Acceptez vous les cartes de crédit?
Er hat eine Anzahlung in Höhe von 100 DM geleistet	Il a versé 100 Mark d'acompte
Können Sie uns einen Kostenvoranschlag machen?	Pouvez-vous nous faire un devis?
Der Betrag setzt sich folgendermaßen zusammen	Le montant se décompose comme suit
Bitte zahlen Sie per Überweisung	Merci de régler par virement
Bitte legen Sie Ihrer Bestellung 10 DM in Briefmarken bei	Veuillez joindre à votre commande 10 Mark en timbres poste
Bitte zahlen Sie bar	Merci de régler en espèces
Die Bank hat den Kredit gesperrt	La banque a bloqué le crédit

In der Anlage finden Sie eine Einzugsermächtigung	Veuillez trouver ci-joint une autorisation de prélèvement automatique
Wir bitten Sie, die Ware bei Empfang bar zu bezahlen	Merci de régler en espèces à réception des produits
Diese Angaben dienen als Grundlage der Berechnung	Ces données servent de base à notre calcul
In der Anlage finden Sie die Quittung	Veuillez trouver ci-joint l'acquit (m.)
Wir bitten um Überweisung auf unser o. g. Konto der Bank Müller & Co.	Merci d'effectuer le virement sur notre compte à la banque Müller & Co
Die bestellte Ware bleibt bis zur vollständigen Bezahlung Eigentum unserer Firma	Les produits restent propriété de notre compagnie jusqu'à paiement intégral de la commande
Bitte zahlen Sie das Geld auf unser Konto ein	Merci de verser l'argent sur notre compte bancaire
Die Zahlung sollte auf unser Konto erfolgen	La facture sera payée par virement bancaire
Für eine Bestellung von Waren in dieser Höhe benötigen wir eine Anzahlung	Nous demandons le versement d'un acompte pour toute commande atteignant ce montant

Reklamationen/Verzögerung

Diese Lieferung war schlecht verpackt	La livraison était mal emballée
Die Reklamation ist gerechtfertigt	La réclamation est justifiée
Die Qualität lässt sehr zu wünschen übrig	Cette qualité laisse beaucoup à désirer
Eine weitere Bestellung durch Ihre Firma werden wir wegen der schlechten Zahlungsmoral nicht annehmen können	Nous ne pourrons plus honorer de commande de la part de votre compagnie pour cause de mauvais paiement

Eine weitere Verzögerung der Lieferung werden wir nicht dulden	Nous ne tolérerons pas de retard supplémentaire dans la livraison
Die Schäden werden sich ungefähr auf 1000 DM belaufen	Les dégâts s'élèveront approximativement à 1000 Mark
Die Lieferung ist beschädigt in unserem Werk angekommen	La livraison effectuée à notre usine nous est arrivée abîmée
Die Lieferung wird sich leider noch um weitere 2 Wochen verzögern	La livraison se trouve malheureusement à nouveau différée de 2 semaines supplémentaires
Wir schätzen den Schaden auf ungefähr 1000 DM	Nous avons évalué le dommage à environ 1000 Mark
Ich habe keine Bestätigung dieses Auftrags erhalten	Je n'ai pas reçu confirmation de cette commande
Diese Artikel werden weder umgetauscht noch zurückgenommen	Ces articles ne sont ni échangés ni repris
Die Waren sind nicht am Bestimmungsort eingetroffen	Les marchandises ne sont pas arrivées à destination
Leider ist die Lieferung nur unvollständig angekommen	La livraison nous est malheureusement arrivée incomplète

Mahnung

Wir fordern Sie auf, die Rechnung in Höhe von 200 DM umgehend zu begleichen	Nous vous prions de régler la facture à hauteur de 200 Mark dans les plus brefs délais
2. Mahnung, Ihre Bestellung vom 10.10.00	Deuxième rappel concernant votre commande du 10.10.00

Wir erinnern höflich, dass Sie die Rechnung vom 1. Mai bis zum heutigen Tage nicht beglichen haben. Bitte holen Sie dies bis zum 31. Mai 2001 nach	Nous vous rappelons cordialement que vous n'avez jusqu'à ce jour pas réglé la facture du 1 mai. Merci d'effectuer le réglement avant le 31 mai 2001

Sonstiges

Einverständnis

Das Einverständnis muss schriftlich erfolgen	L'accord doit se présenter par écrit
Gemäß Ihrer Einverständniserklärung vom 3. Dezember 1999 haben wir alles nach Ihren Wünschen veranlasst	Conformément à votre accord écrit du 3 décembre 1999, nous avons fait en sorte que tout soit fait selon vos désirs
Wir erklären uns einverstanden, die Zahlung innerhalb von 30 Tagen zu tätigen	Nous acceptons les conditions de paiement, à savoir sous 30 jours
Wir sind damit einverstanden unter der Bedingung, dass Sie rechtzeitig liefern können	Nous acceptons à condition que la livraison ait lieu en temps escompté
Diese Tatsachen stellen keine Verpflichtung unsererseits dar	Ces faits ne constituent pas un engagement de notre part
Wir hoffen, wir haben in Ihrem Sinne gehandelt	Nous espérons avoir agi dans votre sens

Vollmachten

Hiermit ermächtigen wir Herrn Müller, diese Fahrzeuge zu kaufen	Par la présente, nous autorisons M. Müller à acheter ces véhicules
Der Direktor hat Herrn Jung die Erlaubnis erteilt, die Briefe in seiner Abwesenheit zu unterschreiben	Le directeur a autorisé M. Jung à signer les lettres en son absence

Wir bevollmächtigen unseren Mitarbeiter, Herrn Simon Buchwald, zur Abholung der folgenden Dokumente	Nous donnons une procuration à notre employé Monsieur Simon Buchwald pour récupérer les documents suivants
Bis auf Widerruf bevollmächtigen wir unseren Herrn Wilhelm Kahr, bis zu einem Kaufpreis in Höhe von 10 000 DM Waren einzukaufen.	Jusqu'à nouvel ordre, nous donnons à Monsieur Wilhelm Kahr le pouvoir d'acheter des marchandises jusqu'à un montant de 10 000 Mark
Wir gestatten unserer Frau Erika Eck, den Firmenwagen zu benutzen	Nous autorisons Madame Erika Eck à utiliser la voiture de société

Stellungnahme

Die Angelegenheit können wir wie folgt erklären	Nous pouvons expliquer l'incident comme suit
Dazu haben wir Folgendes zu sagen	Sur ce sujet nous pouvons ajouter que
Zur Klärung der Angelegenheit möchte ich mich gerne persönlich mit Ihnen treffen	Afin d'éclaircir l'incident, je désire vous rencontrer personnellement
Wir hoffen, mit dieser Erklärung alle Fragen ausgeräumt zu haben	Nous espérons, avec cette explication, avoir répondu à toutes vos questions

Bescheinigungen

Hiermit bescheinigen wir, dass Frau Renate Wimmer in der Zeit vom 01.01. bis 20.06.99 im Rahmen eines befristeten Arbeitsvertrages bei uns beschäftigt war	Par la présente, nous attestons que Madame Renate Wimmer a été employée dans notre entreprise dans le cadre d'un contrat à durée déterminée du 01.01 au 20.06.99

Wir bescheinigen die Teilnahme an den folgenden Kursen	Nous attestons de la participation aux cours suivants
Wir bescheinigen hiermit, dass Herr W. Wurm hervorragende Dienste geleistet hat	Nous attestons par la présente des excellents états de service de Monsieur W. Wurm
Wir bestätigen, dass wir die Kosten in Höhe von 200 DM übernehmen werden	Nous confirmons que nous prendrons en charge les frais à valeur de 200 Mark

Glückwünsche

Viel Erfolg und viel Glück im neuen Job wünschen Ihnen die Kollegen	Les collègues vous souhaitent bonne chance et beaucoup de succès dans votre nouveau travail
Wir hoffen, Sie haben mit Ihrer Geschäftsidee viel Erfolg	Nous espérons que vous réussirez dans votre projet

Entschuldigungen

Wir bedauern die Verzögerung außerordentlich und möchten uns für die Unannehmlichkeiten entschuldigen	Nous regrettons ce retard exceptionnel et vous présentons nos excuses pour le désagrément
Wir bedauern diesen Vorfall aufrichtig	Nous regrettons sincèrement cet incident
Wir entschuldigen uns für das Benehmen unseres Mitarbeiters	Nous vous prions de nous excuser pour le comportement de notre employé
Wir haben diesen Artikel nicht auf Lager	Nous n'avons pas cet article en magasin
Ich bedaure, Ihnen eine negative Antwort geben zu müssen	Je suis au regret de devoir vous donner une réponse négative
Wir bedauern, Sie enttäuscht zu haben	Nous regrettons de vous avoir déçu

Wir werden Ihnen den Betrag ganz bestimmt zurückerstatten	Nous attestons le remboursement de la somme
Leider haben wir im Moment keine Lösung für dieses Problem anzubieten	Malheureusement, nous ne pouvons pas apporter de solution à ce problème en ce moment
Es tut mir Leid, aber wir müssen Ihnen eine Absage erteilen	Nous sommes désolés mais nous sommes obligés de vous faire part de notre refus
Wir bitten Sie, dieses Missverständnis zu entschuldigen	Nous vous prions de bien vouloir excuser ce malentendu
Es tut mir sehr Leid, Ihnen nicht helfen zu können	Je suis désolé de ne pouvoir vous venir en aide
Bitte entschuldigen Sie meine Verspätung	Je vous prie d'excuser mon retard

Das Telefonat

Begrüßung

Gödecke AG, Schmidt, guten Tag	Gödecke AG bonjour. Madame Schmidt à l'appareil
Guten Tag, Sie sprechen mit Irene Schmidt, was kann ich für Sie tun?	Bonjour, Madame Schmidt à l'appareil, en quoi puis-je vous être utile?
Guten Tag, Sie haben die Firma Novedia Solutions erreicht, was kann ich für Sie tun?	Bonjour. Vous êtes en communication avec la société Novedia Solutions. En quoi puis-je vous être utile?

Einführungssatz, Bitte um Verbindung

Kann ich bitte mit Frau Schmidt sprechen?	Est-ce-que je pourrais parler à Madame Schmidt, s'il vous plaît?
Hallo, wie geht es Ihnen?	Allo, comment allez-vous?
Entschuldigen Sie die Störung	Je suis désolée de vous déranger
Ich nehme an, Sie haben sich verwählt. Welche Nummer haben Sie vorliegen?	Je pense que vous vous êtes trompé de numéro. Lequel avez- vous composé?
Man hat mir mitgeteilt, dass Sie (weiblich) heute angerufen haben	On m'a informé que vous m'aviez appelée aujourd'hui
Mit wem spreche ich?	Qui est à l'appareil?
Ich rufe an für Herrn Schmidt, um mich zu erkundigen, ob das Konferenzzimmer frei ist	J'appelle pour savoir si la salle de conférences pour Monsieur Schmidt est libre
Sie sprechen mit Frau Krause	Vous êtes en communication avec Madame Krause
Es ist sehr dringend, bitte geben Sie mir Herrn Müller!	C'est très urgent, passez-moi Monsieur Müller s'il vous plaît!
Ich möchte mit jemandem über eine Bestellung sprechen	Je voudrais m'entretenir avec quelqu'un au sujet d'une commande
Ich würde gerne die Einkaufsabteilung sprechen	J'aimerais parler avec votre service des ventes
Ich möchte Sie um eine Information bitten	Je voudrais vous demander un renseignement
Kann ich bitte mit der Personalabteilung verbunden werden?	Pourriez-vous me passer le service du personnel?
Bitte stellen Sie mich zum Kundendienst durch!	Veuillez me passer le service clientèle, s'il vous plaît!

Termine

Ich hätte gerne einen Termin am Montag	Je voudrais un rendez-vous pour lundi
Er hat das Datum seiner Rückkehr vorverlegt	Il a avancé la date de son retour
Kann ich für nächste Woche einen Termin bei Herrn Luca bekommen?	Est-ce que je pourrais avoir un rendez-vous avec Monsieur Luca la semaine prochaine?
Bitte warten Sie einen Augenblick, ich hole seinen Terminkalender	Attendez un moment, je vais chercher son carnet de rendez-vous
Wäre der 10. April gut?	Est-ce que le 10 avril vous irait?
Er wird um 14.00 Uhr in Paris eintreffen	Il arrivera à Paris à deux heures
Leider muss er das Meeting absagen	Malheureusement, il lui faut annuler la réunion
Herr Müller möchte den Termin am 12. Mai verschieben	Monsieur Müller aimerait déplacer le rendez-vous du 12 mai
Er kann an der Versammlung nicht teilnehmen	Il ne peut pas assister à la réunion
Wann findet die nächste Versammlung statt?	Pour quand la prochaine réunion?
Ich habe einen Termin um 10.00 Uhr	J'ai un rendez-vous à 10 heures

Leitung besetzt

Es tut mir Leid, Herr Schmidt spricht gerade, darf ich (f.) Ihnen seine Durchwahl geben?	Je suis désolée, Monsieur Schmidt est déjà en communication. Puis-je vous donner son numéro direct?
Wollen Sie warten?	Désirez-vous patienter?
Kann er Sie zurückrufen? Wie ist bitte Ihre Telefonnummer?	Peut-il vous rappeler? Quel est votre numéro de téléphone, s'il vous plaît?

Wie ist Ihr Name?	Quel est votre nom?
Wie lange sind Sie unter dieser Nummer noch zu erreichen?	Jusqu'à quelle heure peut-on vous joindre à ce numéro?
Kann ich etwas ausrichten?	Est-ce-que je peux prendre un message?
Bleiben Sie am Apparat	Ne quittez pas
Möchten Sie vielleicht mit seinem Stellvertreter sprechen?	Désirez-vous parler à son remplaçant?
Möchten Sie etwas für ihn hinterlassen?	Désirez-vous lui laisser un message?
Kann ich etwas an Herrn Schmidt weiterleiten/ihm etwas ausrichten?	Puis-je prendre un message pour M. Schmidt?
Nicht nötig	Ce n'est pas la peine
Um welche Angelegenheit handelt es sich bitte?	C'est à quel sujet, s'il vous plaît?
Kann ich Sie zurückrufen? Wie ist bitte Ihre Telefonnummer?	Puis-je vous rappeler? Quel est votre numéro de téléphone, s'il vous plaît?
Handelt es sich um eine private Angelegenheit?	S'agit-il d'un appel privé?
Bleiben Sie bitte am Apparat	Restez en ligne, s'il vous plaît
Kann ich Ihnen vielleicht helfen?	Je peux peut-être vous aider?

Verständigungsschwierigkeiten

Bitte sprechen Sie etwas langsamer	Parlez plus lentement, s'il vous plaît
Können Sie das bitte wiederholen?	Pourriez-vous répéter, s'il vous plaît?
Die Verbindung ist sehr schlecht	La ligne est mauvaise
Rufen Sie von einem Handy an?	Téléphonez-vous avec un portable?

Können Sie Deutsch sprechen?	Parlez-vous allemand?
Bitte sprechen Sie deutlicher	Parlez en articulant, s'il vous plaît
Es handelt sich um ein Missverständnis	C'est un malentendu
Könnten Sie diese Anfrage bitte schriftlich stellen	Pourriez-vous faire cette demande par écrit?
Welche Nummer haben Sie? Ich rufe zurück	Quel est votre numéro? Je vous rappelle
Wie wird das geschrieben?	Comment cela s'écrit-il?
Welche Nummer haben Sie gewählt?	Quel numéro avez-vous composé?
Mit wem möchten Sie bitte sprechen?	A qui désirez-vous parler, s'il vous plaît?
Es tut mir Leid, wir haben hier keinen Herrn Hrolliko	Je suis désolée, nous n'avons aucun Monsieur Hrolliko parmi nos employés
Können Sie das bitte langsam wiederholen?	Pourriez-vous répéter cela lentement, s'il vous plaît?
Können Sie bitte lauter sprechen?	Pouvez-vous parler plus fort, s'il vous plaît?
Sprechen Sie deutsch?	Parlez-vous allemand?
Spricht bei Ihnen jemand deutsch?	Y a-t-il quelqu'un chez vous qui parle allemand?
Es tut mir (f.) leid, ich spreche kein Französisch. Können wir englisch sprechen?	Je suis désolée. Je ne parle pas le français. Pouvons-nous parler anglais?
Ich verstehe nicht	Je ne comprends pas
Wir wurden getrennt	Nous avons été coupés
Es tut mir Leid, aber ich kann nur sehr wenig Englisch sprechen	Je suis désolée, je ne parle que quelques mots d'anglais
Entschuldigen Sie, ich habe Sie nicht verstanden	Pardon, je n'ai pas compris
Leider verstehe ich überhaupt nichts	Je ne comprends malheureusement rien

Buchstabieren Sie das bitte	Pouvez-vous épeler cela, s'il vous plaît

Abwimmeln ungebetener Anrufer

Es tut mir (f.) leid, Herr Müller ist in einer Besprechung	Je suis désolée, monsieur Müller est en réunion
Meines Erachtens wäre es besser, Frau Meier anzurufen	Selon moi, il vaudrait mieux appeler Madame Meier
Er ist für Sie nicht zu sprechen	Il ne veut pas vous parler
Wir haben an Ihrem Produkt kein Interesse	Nous ne sommes pas intéressés par votre produit
Herr Lüttich hat sich nach Hongkong versetzen lassen	M. Lüttich s'est fait affecter à Hongkong
Ich kann im Moment keine Anrufe durchstellen	Je ne peux actuellement passer aucun appel
Wenden Sie sich an Frau Koller	Adressez-vous à Madame Koller
Herr Rüster ist auf Dienstreise und wird erst in zwei Monaten zurück erwartet	Monsieur Rüster est en voyage d'affaires et ne reviendra que dans deux mois
Frau Scheffel hat Urlaub	Madame Scheffel est en vacances
Er ist zurzeit außer Haus	Il n'est, en ce moment, pas dans son bureau
Ich darf Sie leider nicht durchstellen	Je ne puis malheureusement pas transmettre votre appel
Er möchte nicht gestört werden	Il ne veut pas être dérangé
Kann Ihnen auch Frau Knölle weiterhelfen?	Madame Knölle peut-elle vous aider?

Angerufener nicht da

Es tut mir Leid, Herr Baning ist außer Haus	Je suis désolée, Monsieur Baning n'est pas dans l'établissement

Frau Lass ist außer Haus; können Sie in einer Stunde wieder anrufen?	Madame Lass n'est pas dans l'établissement. Pourriez-vous la rappeler dans une heure?
Ich fürchte, Herr Baning ist noch im Urlaub. Wollen Sie mit seinem Vertreter sprechen?	Je crains que Monsieur Baning ne soit encore en vacances. Désirez-vous parler à son remplaçant?
Können Sie Herrn Kröll bitten, mich zurückzurufen?	Pouvez-vous prier Monsieur Kröll de me rappeler?

Abschlusssätze

Vielen Dank für Ihre Mühe	Merci de votre dévouement
Ich hoffe, ich habe Ihnen hiermit weitergeholfen	J'espère avoir pu vous être utile
Gern geschehen (bitte)	Je vous en prie
Viele Grüße an Ihre Sekretärin	Mon bonjour à votre secrétaire
Das war wirklich freundlich von Ihnen	C'était vraiment gentil de votre part
Nichts zu danken	Il n'y a pas de quoi
Seien Sie so freundlich und rufen Sie mich an	Ayez l'amabilité de me donner un coup de téléphone
Ich danke Ihnen für Ihre Liebenswürdigkeit	Je vous remercie de votre amabilité.
Wir sind Ihnen sehr dankbar	Nous vous sommes très reconnaissants
Auf Wiederhören	Au revoir
Einen schönen Tag noch	Bonne journée
Tschüß	Au revoir

Anrufbeantworter

Sie sind mit dem automatischen Anrufbeantworter der Firma Schmidt & Co. verbunden. Leider rufen Sie außerhalb unserer Bürozeiten an.	Vous êtes en communication avec le répondeur automatique de la société Schmidt&Co. Nous ne sommes pas ouverts pour

Wir bitten Sie, sich montags bis freitags in der Zeit von 9.00 bis 16.00 Uhr zu melden. Vielen Dank	le moment. Merci de nous rappeler du lundi au vendredi entre 9 et 16 heures
Hier ist der Anrufbeantworter der Firma Schmidt & Co. Falls Sie eine Nachricht hinterlassen wollen, sprechen Sie bitte nach dem Signalton	Vous êtes en communication avec le répondeur automatique de la société Schmidt&Co. Si vous désirez laisser un message, parlez après le bip sonore
Bitte sprechen Sie klar und langsam nach dem Signalton Ihren Namen, Ihre Rufnummer und den Grund Ihres Anrufes auf dieses Band. Wir werden Sie so bald wie möglich zurückrufen	Merci d'indiquer clairement votre nom, votre numéro de téléphone et la raison de votre appel après le bip sonore. Nous vous rappellerons dès que possible

Warteschleifen

Leider sind alle Leitungen besetzt. Bitte versuchen Sie es zu einem späteren Zeitpunkt noch einmal	Toutes nos lignes sont malheureusement occupées. Merci de renouveler ultérieurement votre appel
Bitte warten Sie, bis die Person, die Sie angewählt haben, verfügbar ist	Veuillez ne pas raccrocher, la personne que vous avez demandée va prendre votre appel
Bitte warten Sie!	Ne quittez pas

Gästebewirtung/Höflichkeiten

Ich habe mich sehr gefreut, Sie einmal persönlich kennenzulernen	Cela m'a fait très plaisir de vous rencontrer personnellement
Darf ich Ihnen einen Kaffee anbieten?	Puis-je vous proposer une tasse de café?

Darf ich Ihnen etwas zu trinken anbieten?	Me permettez-vous de vous offrir un verre?
Das ist sehr freundlich von Ihnen	C'est très aimable/C'est très gentil (de votre part)
Gerne	Avec plaisir
Wie heißen Sie?	Comment vous appelez vous?
Wie heißt du?	Comment t'appelles-tu?
Bitte kommen Sie herein	Je vous en prie, entrez!
Setzen Sie sich	Asseyez-vous
Ich habe schon viel von Ihnen gehört	J'ai souvent entendu parler de vous
Ich freue mich sehr, Ihre Bekanntschaft zu machen	Je suis très heureux de faire votre connaissance
Darf ich mich vorstellen?	Permettez-moi de me présenter?
Ich möchte Sie gerne mit unserem Mitarbeiter Herrn Lemper bekannt machen	Je vous présente Monsieur Lemper, notre collaborateur
Dies ist Herr Steiner, von dem ich Ihnen erzählt habe	Voilà Monsieur Steiner dont je vous ai parlé
Wir freuen uns sehr, Sie begrüßen zu dürfen	Nous sommes très heureux de vous accueillir
Ich werde damit beginnen, Ihnen einen kurzen Überblick über unser Unternehmen zu geben	Je vais commencer par vous donner un aperçu sur notre entreprise
Wollen Sie Ihren Mantel ablegen?	Désirez-vous déposer vos affaires au vestiaire?
Bitte setzen Sie sich doch. Herr Müller ist sofort für Sie da	Vous pouvez vous asseoir si vous le voulez, monsieur Müller arrive dans un instant
Das Konferenzzimmer ist für Sie reserviert. Die anderen Teilnehmer werden umgehend erwartet	La salle de conférences vous est réservée. Les autres participants devraient arriver d'un instant à l'autre

Vielen Dank, dass Sie sich die Mühe gemacht haben, zu uns zu kommen	Nous vous remercions d'avoir pris la peine de vous déplacer
Wir haben bereits alles vorbereitet und hoffen, Sie werden sich bei uns wohl fühlen	Nous avons déjà tout préparé et nous espérons que vous aurez tout ce dont vous avez besoin
Sicher sind Sie hungrig. Kann ich Ihnen etwas zu essen bringen?	Vous devez avoir faim. Puis-je vous apporter quelque chose?
Leider ist in diesen Räumen das Rauchen nicht gestattet.	Il est malheureusement interdit de fumer dans ces salles
Falls Sie mich brauchen, ich bin im Nachbarzimmer	Si vous avez besoin de moi, je suis dans la pièce d'à côté
Kann ich Ihnen die Tür aufhalten?	Puis je vous tenir la porte?
Die Toiletten finden Sie links um die Ecke	Les toilettes se trouvent au coin sur la gauche
Falls Sie etwas benötigen, rufen Sie mich (f.) bitte an, ich bin am Platz und helfe Ihnen gerne	Si vous avez besoin de quoi que ce soit, n'hésitez pas à m'appeler. Je suis dans mon bureau et serai ravie de pouvoir vous aider
Falls Sie sich nach der langen Fahrt erst einmal frisch machen wollen, die Waschräume sind im zweiten Stock	Si vous désirez vous rafraîchir après votre long voyage, les lavabos se trouvent au deuxième étage
Es hat mich sehr gefreut, Ihre Bekanntschaft gemacht zu haben	Ce fut un plaisir de vous rencontrer
Darf ich Ihnen Herrn Schmidt vorstellen? Herr Schmidt ist unser Abteilungsleiter und wird sich während Ihres Aufenthaltes um Sie kümmern	Puis-je vous présenter Monsieur Schmidt? Monsieur Schmidt est notre chef de service et c'est lui qui va s'occuper de vous pendant votre séjour parmi nous

Darf ich mich vorstellen: mein Name ist Nina Erpel	Puis-je me présenter? m'appelle Nina Erpel
Darf ich Sie zu einem Glas Champagner einladen?	Puis-je vous proposer une coupe de champagne?
Kann ich Ihnen etwas abnehmen?	Puis-je vous aider à porter quelque chose?
Vielen Dank für Ihre Einladung	Merci beaucoup pour votre accueil
Vielen Dank für alles	Merci beaucoup pour tout.
Wir bringen Sie zum Bahnhof	Nous vous déposerons à la gare.
Möchten Sie rauchen? Ich bringe Ihnen gerne einen Aschenbecher	Désirez-vous fumer? Je vous apporte un cendrier

Small Talk

Hatten Sie einen angenehmen Flug?	Avez-vous fait bon voyage? Oder: Avez-vous fait un vol agréable?
Sind Sie mit Ihrem Hotel zufrieden?	Êtes-vous satisfait de votre hôtel?
Gefällt es Ihnen hier?	Vous plaisez-vous ici?
Woher kommen Sie?	D'où venez- vous?
Sind Sie (f.) verheiratet?	Etes-vous mariée?
Haben Sie Kinder?	Avez-vous des enfants?
Wie alt sind Sie?	Quel âge avez-vous?
Ich gebe Ihnen meine Visitenkarte	Je vous donne ma carte (de visite)
Sind Sie aus Paris?	Vous êtes de Paris?
Was sagen Sie zum deutschen Essen?	Que pensez-vous de la cuisine allemande?
Ich habe einen Tisch reserviert	J'ai réservé une table
Wie geht es Ihnen?	Comment allez-vous?
Danke, mir geht es gut, und Ihnen?	Très bien, merci. Et vous (même)?

Wie ist das Wetter in Frankreich?	Quel temps fait-il en France?
Geht es Ihrer Frau gut?	Votre femme va-t-elle bien?
Wie gefällt Ihnen unsere Firma?	Que pensez-vous de notre compagnie?
Sie sprechen aber sehr gut Deutsch	Vous parlez vraiment bien allemand
Waren Sie (f.) bereits einmal in Berlin?	Etes-vous déjà venue à Berlin?
Wie lange wollen Sie in Berlin bleiben?	Combien de temps comptez-vous rester à Berlin?
Sind Sie (f.) mit dem Taxi gekommen?	Etes-vous venue en taxi?
Hatte der Flug Verspätung?	Le vol avait-il du retard?
Ich hoffe, Sie haben unsere Firma gleich gefunden	J'espère que vous avez trouvé notre entreprise sans le moindre problème
Ich werde in den Ferien nach Spanien fahren	Je vais aller passer mes vacances en Espagne
Prost! Auf ein erfolgreiches Geschäft!	A votre santé! Au succès de l'entreprise!
Ich werde heute Abend in die Oper gehen	Je vais à l'opéra ce soir.
Ich habe schon viel von Ihnen gehört	J'ai tellement entendu parler de vous

Reisen

Hotels

Ich möchte gerne ein Einzelzimmer in der Zeit vom 10. bis 14. März reservieren	Je voudrais réserver une chambre pour une personne du 10 au 14 mars
Der Name des Gastes ist Herr Peter Schmidt	Le nom du client est: Monsieur Peter Schmidt

Bitte nehmen Sie diese Reservierung als garantierte Buchung. Frau Grenèche wird spät anreisen	Merci d'enregistrer la réservation. Madame Grenèche arrivera tardivement
Bei Stornierung werden 10% einbehalten	En cas d'annulation, il vous sera retenu 10%
Herr Schmidt ist Selbstzahler und zahlt bei Abreise mit Kreditkarte	Monsieur Schmidt règlera la note lui-même lors de son départ
Er wird früh abreisen	Il partira de bonne heure
Herr Schmidt wird bar bezahlen	Monsieur Schmidt paiera en espèces
Wie lange haben Sie vor zu bleiben?	Combien de nuits comptez-vous rester?
Bitte schicken Sie die Rechnung an unser Werk in Berlin	Merci d'envoyer la facture à notre bureau à Berlin
Haben Sie kein preiswerteres Zimmer?	Vous n'auriez pas d'autre chambre moins chère?
Was für Zimmer haben Sie?	Qu'est-ce que vous avez comme chambres?
Wie lange im Voraus muss man reservieren?	Il faut réserver combien de temps à l'avance?
Wir übernehmen die Rechnung für Herrn und Frau Schmidt	Nous prenons en charge les frais de Monsieur et Madame Schmidt.
Müssen wir eine Anzahlung leisten?	Faut-il verser un acompte?
Die Familie wird gegen 18.00 Uhr anreisen	La famille arrivera vers 18 heures
Haben Sie in der Zeit vom 10. bis 11. März noch ein Einzelzimmer frei?	Est-ce qu'il vous reste une chambre individuelle pour la nuit du 10 au 11 mars?
Was kostet bitte ein Doppelzimmer mit Frühstück?	Combien coûte une chambre double avec petit-déjeuner, s'il vous plaît?
Beinhaltet der Preis auch das Frühstück oder geht das extra?	Le petit-déjeuner est-il compris dans le prix ou est-il en supplément?

Hat Ihr Haus auch ein Schwimmbad und eine Sauna anzubieten? Und ist dieser Service im Preis inbegriffen?	Votre maison dispose t-elle d'une piscine et d'un sauna? Cela est-il compris dans le prix?
Bitte bestätigen Sie mir die Reservierung per Fax	Merci de me confirmer cette réservation par fax
Bitte senden Sie mir einen Prospekt von Ihrem Hotel	Veuillez me faire parvenir une brochure de votre hôtel
Ich möchte gerne das Zimmer für Herrn Arnim Müller stornieren	Je désire annuler la réservation de Monsieur Arnim Müller
Welche Zimmernummer wird Herr Schmidt bekommen? Können Sie mir bitte gleich Fax- und Telefonnummer mitteilen?	Quel numéro de chambre aura M. Schmidt? Pouvez-vous me communiquer tout de suite les numéros de fax et de téléphone?

Flüge/Züge

Herr Müller wird den 5-Uhr-Flieger ab Stuttgart nehmen	Monsieur Müller prendra le vol de 5 heures au départ de Stuttgart
Wie lange ist das Ticket gültig?	Quelle est la validité du billet?
Wie ist die Zeitverschiebung zwischen Berlin und London?	Quel est le décalage horaire entre Berlin et Londres?
Gibt es noch freie Plätze?	Est-ce qu'il y a encore des places?
Ich möchte gerne umbuchen	Je voudrais modifier ma réservation
Der Direktflug war ausgebucht	Le vol direct était complet
Der Flughafenzubringer fährt eine Stunde vor Abflug	La navette de l'aéroport part une heure avant le décollage
Sie müssen eine Stunde vor Abflug da sein	Vous devez être là une heure avant le décollage
Ich möchte gerne einen Platz für den Flug LH 1220 buchen	Je voudrais réserver une place sur le vol LH 1220

Der Flug hat eine Zwischenlandung in London	Le vol fait escale à Londres
Ich muss um 17.00 Uhr in London sein	Je dois être à Londres à cinq heures
Ich möchte einen Flug nach München nehmen	Je voudrais un vol pour Munich
Was kostet ein Flug nach London?	Combien coûte un vol pour Londres?
Wie viel darf man frei mitnehmen?	Quel est le poids de bagages autorisé?
Gibt es einen Bus zum Flughafen?	Y a-t-il un bus pour se rendre à l'aéroport?
Ist dies ein Direktflug?	Est-ce un vol direct?
Dies ist ein Flug mit Unterbrechung	Ce vol est avec une correspondance
Wie viel kostet dieser Inlandflug?	Combien coûte ce vol intérieur?
Fliegen Sie mit Gepäck?	Voyagez-vous avec des bagages?
Kann ich noch einen Platz auf dieser Maschine buchen?	Puis-je encore vous réserver une place pour ce vol?
Um wie viel Uhr möchten Sie zurückfliegen?	A quelle heure voulez-vous prendre votre vol de retour?
Wir erwarten Herrn Meerich um 10.00 Uhr am Flughafen Tegel	Monsieur Meerich est attendu à 10 heures à l'aéroport de Tegel
Fliegt er ab Tegel oder ab Tempelhof?	Décolle-t-il de Tegel ou de Tempelhof?
Welche Fluggesellschaft haben Sie gebucht?	Sur quelle compagnie avez-vous réservé?
Nennen Sie mir bitte die Flugnummer	Donnez moi le numéro de votre vol, s'il vous plaît.
Wann wird Herr Meerich in Berlin ankommen?	Quand arrivera Monsieur Meerich à Berlin?
Abflugzeit ist 7.00 Uhr. Ankunftszeit ist 13.00 Uhr	Le décollage est à 7 heures et l'arrivée à 13 heures
Haben Sie bereits ein Ticket?	Avez-vous déjà un billet?
Wie war der Flug?	Comment était le vol?

Was kostet die Rückfahrt?	Combien coûte le billet retour?
Gibt es auch Sondertarife?	Est-ce qu'il existe des tarifs spéciaux?
Wie lange ist die Fahrkarte gültig?	Le billet est valable combien de temps?
Es gibt keinen Eilzug	Il n'y a pas de train express
Ist das ein Direktzug?	Le train est-il direct?
An welchem Datum möchten Sie reisen?	Quel jour voulez-vous voyager?
Wann fährt der nächste Zug nach Paris?	A quelle heure est le prochain train pour Paris?

Autoanmietung

Ich hätte gerne eine Broschüre über Ihre Mietwagen	J'aimerais avoir un prospectus sur vos voitures de location
Ich möchte einen Wagen mieten	Je voudrais louer une voiture
Ich würde gerne für Herrn Meier einen Audi A4 in der Zeit vom 5. bis 7. Mai anmieten	Je désirerais louer une Audi A4 du 5 au 7 mai pour Monsieur Meier
Hat der Wagen Servo-Lenkung?	Elle a la direction assistée ?
Wie viel kostet eine E-Klasse pro Tag?	Combien coûte une voiture de classe E par jour?
Beinhaltet dieser Preis auch eine Versicherung?	Ce prix comprend-il une assurance?
Ist das inklusive Versicherungen?	Est-ce que l'assurance est comprise?
Sie müssen eine Kaution hinterlegen	Il faut verser une caution
Wie viel Kilometer sind in diesem Preis frei?	Combien de kilomètres sont inclus dans ce tarif?
Brauchen Sie die Kundennummer von Herrn Meier?	Avez-vous besoin du numéro de client de Monsieur Meier?

Frau Droste möchte den Wagen um 10.00 Uhr am Flughafen Köln/Bonn abholen. Sie wird den Wagen gegen 17.30 Uhr am Flughafen Frankfurt/Main abgeben	Madame Droste désire prendre la voiture à 10 heures à l'aéroport de Cologne/Bonn. Elle rendra le véhicule à l'aéroport de Francfort Main vers 17 heures 30
Wie lange braucht man von Köln nach Frankfurt? Liegt eine Deutschlandkarte im Wagen?	Combien de temps faut-il en voiture pour aller de Cologne à Francfort? Y a-t-il une carte de l'Allemagne dans la voiture?

Anmeldung/Bestätigung

Ich bitte Sie, Herrn Nowack für die Messe am 17.03.99 als Teilnehmer anzumelden	Je vous prie d'inscrire Monsieur Nowack sur la liste des participants à la foire du 17.03.99
Ich bestätige die Teilnahme von Frau Mompe an der Sitzung	Je confirme la participation de Madame Mompe à la réunion
Bitte bestätigen Sie mir diese Anmeldung umgehend per Fax	Merci de me confirmer rapidement par fax cette inscription
Frau Mompe wird an der Konferenz als Rednerin teilnehmen	Madame Mompe participera à la conférence en qualité d'oratrice
Ich melde hiermit Herrn Gutknecht für die Teilnahme an der Pressekonferenz an	J'inscris par la présente Monsieur Gutknecht à la conférence de presse
Er wird garantiert teilnehmen	Il est certain qu'il y prendra part
Leider wird aus unserer Abteilung niemand teilnehmen können	Aucune personne de notre service ne pourra malheureusement y prendre part

Einladung

Wir möchten Sie (f.) gerne zu unserer Eröffnungsfeier einladen	Vous êtes invitée à notre fête d'inauguration
Wir würden uns freuen, wenn Sie diese Einladung annehmen könnten	Nous serions ravis de pouvoir vous compter parmi nos invités
Über Ihr Kommen würden wir uns ausgesprochen freuen	Votre présence nous ferait le plus grand plaisir
Bitte bringen Sie dieses Einladungsschreiben zur Veranstaltung mit	Veuillez vous munir de cette invitation à la manifestation
Ich möchte Sie gerne zum Abendessen einladen. Haben Sie heute Abend Zeit?	J'aimerais vous inviter à dîner. Etes-vous libre ce soir?

Absage

Leider kann ich aus privaten Gründen nicht zu Ihrer Feier kommen. Trotzdem aber nochmals vielen herzlichen Dank für die Einladung	Je ne peux malheureusement pas assister à votre fête pour raisons personnelles. Je vous remercie néanmoins de votre invitation
Ich habe Ihre Einladung erhalten. Vielen Dank nochmals. Leider kann ich zu dieser Veranstaltung nicht kommen, da ich mich im März im Ausland aufhalte	J'ai bien reçu votre invitation. Malheureusement, je suis dans l'incapacité de venir à ce rassemblement puisque je serai en mars à l'étranger
Ich habe mich sehr über die freundliche Einladung gefreut. Aus beruflichen Gründen kann ich leider nicht an der Feierlichkeit teilnehmen. Trotzdem vielen Dank	Je vous remercie pour votre si gentille invitation. Malheureusement, je serai dans l'incapacité de venir à votre fête pour raisons professionnelles. Avec mes remerciements

Protokoll

Protokoll der Sitzung vom 4. April 1999	Compte rendu de la réunion du 4 avril 1999
Der Antrag ist mit 12 zu 10 Stimmen abgelehnt	La motion est rejetée par 12 voix contre 10
Die Sitzung ist um eine Woche verschoben worden	La session a été ajournée d'une semaine.
Ich nehme Ihr Versprechen zu Protokoll	Je prends acte de votre promesse
Der Antrag ist einstimmig angenommen	La motion est adoptée à l'unanimité
Der Antrag wurde nicht genehmigt	Sa demande n'a pas été approuvée
Teilnehmer der Sitzung vom 2. Oktober: Herr Müller, Herr Wider	Noms des participants de la réunion du 2 octobre: Monsieur Müller, Monsieur Wider
Protokoll. Über: Personal; Am: 2.1.99; Ort: Konferenzzimmer; Beginn: 10.00 Uhr, Ende: 14.00 Uhr. Anwesende: Frau Sigusch, Frau Bette, Herr Feler; Tagesordnung:	Protocole. Sujet: le personnel. *Oder:* les employés. Le: 2.1.. Lieu: Salle de conférences. Début: 10h. Fin: 14h. Présents: Madame Sigusch, Madame Bette, Monsieur Feler. Ordre du jour:
Tagesordnungspunkt 1	Point premier de l'ordre du jour
Er hat das Protokoll geführt	Il a rédigé le procès-verbal
Der Beschluss wurde verabschiedet	La résolution a été adoptée
Sie hat die Rednerliste geführt	Elle a tenu une liste des orateurs
Die Konferenz wurde um eine Woche vertagt	La conférence a été reportée à la semaine prochaine
Wir kommen zu Punkt 2 der Tagesordnung	Passons au point 2 de l'ordre du jour

Der Tagesordnungspunkt 3 »Abbau der Linie 7« wird bei der nächsten Sitzung am 10. August 1999 besprochen	Le point 3 de l'ordre du jour concernant l'exploitation de la ligne 7 sera discuté lors de la prochaine réunion le 10 août 1999
Ergebnis: Alle Teilnehmer waren einverstanden	Résultat: accord de tous les participants
Nächste Sitzung: am 22. September 1999	Prochaine réunion: le 22 septembre 1999
Als erster Tagesordnungspunkt wurde das Thema »Arbeitsplatzabbau« behandelt.	Le thème de la réduction du nombre de postes a été traité en priorité dans l'ordre du jour
Herr Funk schlug vor, die nächste Sitzung in den Räumen der Fa. Müller abzuhalten. Alle Teilnehmer stimmten zu	Monsieur Funk a proposé de faire la prochaine réunion dans les locaux de la compagnie Müller. Approbation de tous les participants
Nach Abstimmung durch Handzeichen wurde der Vorschlag einstimmig angenommen	Après vote à main levée, la proposition a été à l'unanimité acceptée

Technische Begriffe im Sekretariat

Das Faxgerät ist zurzeit nicht funktionstüchtig	Le fax est en ce moment hors service
Alle Geräte sind außer Betrieb	Tous les appareils sont hors service
Bitte schicken Sie mir eine E-Mail	Merci de m'envoyer un mail
Sind Ihre Geräte mit unseren kompatibel?	Vos appareils sont-ils compatibles avec les nôtres?
Haben wir die Möglichkeit, Dias zu präsentieren?	Avons-nous la possibilité de présenter des diapositives?

Wegen eines technischen Fehlers ist das Fax nur unvollständig angekommen	En raison de problèmes techniques, le fax nous est arrivé incomplet
Das Gerät ist defekt. Daher die schlechte Druckqualität	L'appareil est défectueux. D'où la mauvaise qualité de l'impression
Die Übertragung war unvollständig	La transmission était incomplète
Das Faxgerät ist zurzeit in Reparatur	Le fax est actuellement en réparation
Bitte schicken Sie einen Monteur	Merci de nous envoyer un monteur
Wir benötigen umgehend einen Elektriker	Nous avons besoin rapidement d'un électricien
Leider sind alle Daten verloren	Toutes les informations sont malheureusement perdues
Das Faxgerät hatte kein Papier mehr. Ich habe nachgefüllt. Bitte versuchen Sie es noch einmal	Le fax n'avait plus de papier. J'ai fait le nécessaire. Merci de nous renvoyer le document
Die Datei ist nur unvollständig vorhanden	Le fichier ne nous est que partiellement parvenu
Wir brauchen noch eine Verlängerungsschnur	Nous avons besoin d'une rallonge
Bitte versuchen Sie es über eine andere Leitung	Veuillez essayer via une autre ligne

Allgemeine Korrespondenz: Musterbriefe

Auf den folgenden Seiten finden Sie einen Original-Geschäftsbrief und ein Original-Fax, jeweils mit deutscher Übersetzung. Aus ihnen können Sie ersehen, wie die Schreiben formal gestaltet werden. In den sich anschließenden Musterbriefen wurde dann der Briefkopf (also Absender, Empfänger und Datum) weggelassen.

Die Fenster der Fensterbriefumschläge sind in Frankreich rechts. Daher findet man meist die für uns ungewöhnliche Gestaltung des Briefes mit den Empfängerangaben auf der rechten Seite.

Obwohl der französische Brief keiner direkten Norm unterworfen ist, empfiehlt es sich, die kleinen »ungeschriebenen Gesetze« einzuhalten:

- Grundsätzlich wird der Empfänger mit »cher« oder »chère« (liebe/r) angeredet.
- Ein einfaches »mit freundlichen Grüßen« gibt es im Französischen nicht. Hier zeigt sich die Höflichkeit in langen, formalen Floskeln wie:
  - Nous vous prions de croire, Monsieur, à l'assurance de nos sentiments dévoués.
  - Nous vous remercions, par avance, de votre diligence.
  - Je vous remercie, par avance, de votre diligence et reste à votre disposition.
- Schreiben Sie Abkürzungen wie i. A. oder i.V. sicherheitshalber in Klammern, so vermeiden Sie Missverständnisse.

Fassen Sie sich bei E-Mails ebenso kurz und sachlich wie im Deutschen und vermeiden Sie möglichst Abkürzungen, da diese zu Missverständnissen führen können.

Bei Datumsangaben ist das Ausschreiben des Monats am sichersten, so können Sie Missverständnisse vermeiden. Am häufigsten wird jedoch die folgende Schreibweise verwendet: 31/7/01 oder 31/07/01.

Europäisches Institut
für onkologische und immunologische Forschung
Amsterdam · Berlin · Mailand

Europ. Institut für onkologische und immunologische Forschung
Hardenbergstr. 19 · D-10623 Berlin

PD Dr. med. Robert W. Gorter, Institutsleiter
Krankenhaus Moabit

Hardenbergstr. 19
10623 Berlin
Deutschland

Telefon 030/ 31 57 44-0
Telefax 030/ 31 57 4444
email robertgorter@compuserve.com

Mme. Corré
Editions Gérard Dental
B.P. 7

76161 Darnetal Cedex
-FRANCE-

Berlin, 3. November 1998

Ihre Anfrage

Sehr geehrte Frau Corré,

herzlichen Dank für Ihre Anfrage. In der Anlage senden wir Ihnen die angeforderte Preisliste.

Mit freundlichen Grüßen

B. Nitsche

Anlage

Träger des Institutes: Europäische Gesellschaft für onkologische und immunologische Forschung e.V.
Bankverbindung: Berliner Bank · BLZ 100 200 00 · Konto Nr. 316 595 0000

Europäisches Institut
für onkologische und immunologische Forschung
Amsterdam · Berlin · Mailand

Europ. Institut für onkologische und immunologische Forschung
Hardenbergstr. 19 · D-10623 Berlin

PD Dr. med. Robert W. Gorter, Institutsleiter
Krankenhaus Moabit

Hardenbergstr. 19
10623 Berlin
Deutschland

Telefon 030/ 31 57 44-0
Telefax 030/ 31 57 4444
email robertgorter@compuserve.com

Mme. Corré
Editions Gérard Dental
B.P. 7

76161 Darnetal Cedex
-FRANCE-

Berlin, le 3 novembre 1998

Votre requête

Mesdames et Messieurs,

Nous vous remercions de votre requête et nous vous adressons un extrait de la liste de nos prix courants.

Veuillez agréer, Mesdames, Messieurs, nos salutations distinguées.

B. Nitsche

Documents joints

Träger des Institutes: Europäische Gesellschaft für onkologische und immunologische Forschung e.V.
Bankverbindung: Berliner Bank · BLZ 100 200 00 · Konto Nr. 316 595 0000

NOVEDIA

FAX

Empfänger	Frau Lionne
Fax-Nr. Empfänger	+33 (1) 88 22 11
Absender	Vera Eck
Fax-Nr. Absender	+49 (30) 3 11 88 9-10
Tel.-Nr. Absender	+49 (30) 3 11 88 9-19
Datum	27.09.98
Anzahl Seiten (inklusive Deckblatt)	1

Mitteilung der Reisedaten für Herrn Wolfgang Müller

Sehr geehrte Frau Lionne,

für Herrn Müller habe ich folgende Vorbereitungen getroffen: Flug am 02.10. von Berlin TXL, Abflug 07.00 Uhr nach Paris CDG, Ankunft 9.15 Uhr mit Lufthansa 2211.

Vom 02.10. bis 04.10. habe ich ein Hotelzimmer gebucht im Hotel des Arts, Rue Pascalle 2. Herr Müller wird die Rechnung bei Abreise begleichen. Für den Rückflug ist der 04.10. eingeplant. Abflug von Paris CDG ab 19.00 Uhr, Ankunft 21.15 Uhr in Berlin THF mit Air France 221.

Ich bitte Sie, die Abholung von Herrn Müller am 02.10. vom Flughafen zum Hotel und am 04.10. zum Flughafen zu organisieren und mich entsprechend zu informieren.

Mit freundlichen Grüßen

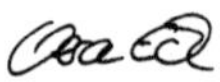

Vera Eck

Bitte informieren Sie uns bei Fehlübertragung unter der Tel-Nr. +49 (30) 3 11 88 9-0. Vielen Dank.

Anschrift/Address	**Kontakte/Contacts**	**Bankverbindung/Current Account**		**Management**	**Beirat/Advisory Board**	**Gesellschaft**
NOVEDIA GmbH Systemhaus	Tel +49 (30) 3 11 88 9-0	Berliner Volksbank	Deutsche Bank AG	Burckhardt Bonello	Prof. Dr.-Ing. G. Hommel	Sitz Berlin
Hardenbergstr. 19	Fax +49 (30) 3 11 88 9-19	BLZ 100 900 00	BLZ 100 700 00	Marek Kittler	Prof. Dr. M. Malek	Amtsgericht Charlottenburg
10623 Berlin, Germany	mail info@novedia.de	Kto 100 330 55	Kto 44154 44	Thipor Kong	O. Schulz	HRB 66907
	web www.novedia.de					Ust-IdNr. DE 192 608 775

NOVEDIA

FAX

A l'attention de:	Madame Lionne
Votre n° de Fax:	+33 (1) 88 22 11
De la part de:	Vera Eck
Notre n° de Fax:	+49 (30) 3 11 88 9-10
Notre n° de Tél.:	+49 (30) 3 11 88 9-19
Date:	27.09.98
Nombre de pages (page de garde inclue)	1

Informations concernant le voyage de Monsieur Wolfgang Müller

Chère Madame Lionne,

voici ce qui a été prévu pour le voyage de Monsieur Müller: vol le 02.10. de Berlin Tegel (TXL), décollage à 7 h pour Paris CDG, arrivée à 9 h 15 par le vol Lufthansa 2211.

J'ai réservé une chambre à l'hôtel des Arts, au 2 rue Pascalle, du 2 au 4 octobre. Monsieur Müller réglera la facture à son départ. Le vol de retour est prévu pour le 4. Décollage de Paris CDG à 19 h, arrivée à 21 h 15 à Berlin Tegel par le vol Air France 221.

Merci de vous occuper des transferts de Monsieur Müller le 2 octobre de l'aéroport à l'hôtel ainsi que le 4 vers l'aéroport et de me tenir informée.

Veuillez agréer, Madame, mes salutations distinguées.

Vera Eck

Merci de nous appeler au numéro (0 30) 3 11 88 9-0 si vous constatez une erreur dans la transmission.

Anschrift/Address
NOVEDIA GmbH Systemhaus
Hardenbergstr. 19
10623 Berlin, Germany

Kontakte/Contacts
Tel +49 (30) 3 11 88 9-0
Fax +49 (30) 3 11 88 9-19
mail info@novedia.de
web www.novedia.de

Bankverbindung/Current Account
Berliner Volksbank, BLZ 100 900 00, Kto 100 330 55
Deutsche Bank AG, BLZ 100 700 00, Kto 44154 44

Management
Burckhardt Bonello
Marek Kittler
Thipor Kong

Beirat/Advisory Board
Prof. Dr.-Ing. G. Hommel
Prof. Dr. M. Malek
O. Schulz

Gesellschaft
Sitz Berlin
Amtsgericht Charlottenburg
HRB 66907
Ust-IdNr. DE 192 608 775

Versand von Dokumenten

Unser Telefonat am 06.03.98

Sehr geehrter Herr Bruné,

in der Anlage finden Sie, wie am 5. März telefonisch besprochen, die gewünschten Dokumente.

Wir möchten Sie nochmals daran erinnern, dass es sich hier um streng vertrauliche Unterlagen handelt und das Kopieren und die Weitergabe an Dritte streng untersagt ist.

Mit freundlichen Grüßen

Huthermann & Co. KG

i. A. Sophie Schandock

Sophie Schandock

Anlage

Notre conversation téléphonique du 6 mars

Cher Monsieur Bruné,

Veuillez trouver ci-joint les documents désirés, comme promis lors de notre conversation téléphonique du 5 mars.

Nous souhaitons à nouveau vous rappeler qu'il s'agit de documents confidentiels et qu'il est strictement interdit d'en faire des copies ou de les communiquer à une tierce personne.

Nous vous prions de croire, Monsieur, à l'assurance de nos sentiments dévoués.

Huthermann & Co. KG

p.o. Sophie Schandock

Sophie Schandock

Pièces jointes

Kostenvoranschlag

Bitte um Kostenvoranschlag
Reparatur

Sehr geehrte Damen und Herren,

unser Fernseher, Fabrikat Toyo, Herstelljahr 1988, weist verschiedene Defekte auf.

Wir würden uns sehr freuen, wenn Sie uns baldmöglichst einen Techniker vorbeischicken könnten, der das Gerät begutachtet und einen Kostenvoranschlag machen kann.

Bitte setzen Sie sich zur Terminabsprache mit unserer Frau Schmidt, Durchwahl 17, in Verbindung. Ferner interessieren wir uns sehr für Ihre neue Preisliste. Wenn Sie uns diese bitte zusenden würden?

Für Ihre Bemühungen freundlichsten Dank im Voraus,

Lucas Eck

Lucas Eck

Demande de devis
Réparation d'une grue

Madame, Monsieur,

Notre télévision, fabriquée en 1988 par les établissements Toyo, présente plusieurs anomalies.

Nous vous saurions gré de nous envoyer un technicien dès que possible afin qu'il puisse examiner l'appareil et nous présenter un devis.

Merci de prendre contact avec Madame Schmidt, ligne téléphonique 17, pour fixer un rendez-vous. Nous sommes également très intéressés par votre nouvelle liste de prix. Pourriez-vous nous la faire parvenir?

Nous vous remercions, par avance, de votre diligence.

Lucas Eck

Lucas Eck

Anfrage Personalabteilung

Anfrage an die Personalabteilung um einen eventuell freien Arbeitsplatz in der Betriebstechnik

Sehr geehrte Damen und Herren der Personalabteilung,

ich bitte Sie mir mitzuteilen, ob die Stelle eines Einrichters in Ihrer Abteilung Betriebstechnik demnächst vakant wird.

Sollte dies der Fall sein, würde ich Ihnen gerne meine vollständigen Unterlagen zur Verfügung stellen.

Für Ihre Mühe danke ich Ihnen im Voraus und verbleibe,
mit freundlichen Grüßen

Jens Bauermeister

Jens Bauermeister

Absage durch die Personalabteilung

Ihre Anfrage um einen vakanten Arbeitsplatz in der Betriebstechnik

Sehr geehrter Herr Bauermeister,

nach gründlicher Prüfung des Personalbedarfs in unserem Hause müssen wir Ihnen leider mitteilen, dass wir einen Stelle, die Ihrer Qualifikation entspricht, nicht zu vergeben haben.

Wir wünschen Ihnen an anderer Stelle mehr Erfolg.

Mit freundlichen Grüßen

Gerlinde Schulte

Gerlinde Schulte
Personalabteilung

Demande auprès du service du personnel concernant un poste vacant dans le service technique

Mesdames et Messieurs du service du personnel,

J'aimerais savoir si le poste d'installateur dans votre service technique risque de se libérer prochainement.

Si tel est le cas, je souhaiterais pouvoir vous soumettre ma candidature.

Je vous remercie, par avance, de votre diligence et reste à votre disposition.

Jens Bauermeister

Jens Bauermeister

Votre requête concernant un poste vacant dans le service technique

Cher Monsieur,

après une étude approfondie des besoins en personnel de notre établissement, nous regrettons de devoir vous informer que nous ne disposons pas d'emploi qui réponde à vos qualifications.

Nous vous souhaitons plus de succès dans vos prochaines recherches.

Veuillez agréer, Monsieur, nos salutations distinguées.

Gerlinde Schulte

Gerlinde Schulte
Service du personnel

Bitte um Überprüfung

Bitte um Überprüfung des beigefügten Stoffmusters

Sehr geehrter Herr Oter,

ich bitte Sie zu überprüfen, ob der beiliegende Stoff bei 30 °C waschbar ist. Unsere Kunden haben sich bereits mehrfach über Farbveränderungen nach dem Waschen beklagt.

Für die baldige Bearbeitung wären wir Ihnen sehr dankbar.

Hochachtungsvoll

Hutfabrik Norelle

i. V. Piotr Bonne

Piotr Bonne
Kundendienst

Bitte um Musterzusendung

Bitte um Zusendung weiterer Proben

Sehr geehrte Damen und Herren,

wir bitten um Zusendung weiterer Proben Ihres Präparates ASIS 2.0. Ist es möglich, diesmal gleich 100 Packungen zu senden? Unsere Kundschaft ist sehr zufrieden mit diesem Artikel.

Vielen Dank für Ihre freundliche Unterstützung.

Mit freundlichen Grüßen

Tobias Mann

Dr. Tobias Mann

Demande de contrôle des échantillons de tissus joints

Monsieur,

je vous demande de vérifier que le tissu ci-joint est lavable à 30 °C. Nos clients se sont plaints plusieurs fois de décoloration des tissus après lavage.

Nous vous serions reconnaissants de régler ce problème rapidement.

Avec l'expression de ma considération distinguée.

Entreprise de chapeaux Norelle

par délégation Piotr Bonne

Piotr Bonne
Service clientèle

Demande d'envoi d'échantillons supplémentaires

Mesdames, Messieurs,

nous vous prions de nous faire parvenir des échantillons supplémentaires de votre produit «ASIS 2.0». Serait-il possible, cette fois, de nous envoyer rapidement une centaine de paquets? Notre clientèle est très satisfaite de cet article.

Nous vous remercions de votre soutien.

Veuillez agréer, Mesdames, Messieurs, nos salutations distinguées.

Tobias Mann

Dr. Tobias Mann

Terminvereinbarung

Bitte um Einrichtung unserer neuen Filiale in Berlin-Wedding

Sehr geehrter Herr Möller,

im März dieses Jahres wollen wir eine weitere Filiale eröffnen.

Wir würden uns freuen, wenn Sie, wie bei einem Großteil unserer übrigen Filialen, wieder die Einrichtung des Salons übernehmen könnten.

Daher bitten wir Ihre Innenarchitekten zu einer Besichtigung der Räumlichkeiten in der Müllerstr. 12, 10555 Berlin-Wedding am

04.07.99,
11.00 Uhr.

Bitte informieren Sie uns rechtzeitig, falls Ihnen dieser Termin nicht zusagt.

Ihr Ansprechpartner ist Herr Wilfried Müller, Marketing-Abteilung.

Mit freundlichen Grüßen

Hannes Knuth

Hannes Knuth

Demande d'aménagement de notre nouvelle filiale à Berlin dans le quartier de Wedding

Cher Monsieur Müller,

nous voulons ouvrir une autre filiale pour le mois de mars de cette année.

Nous vous serions reconnaissants si vous pouviez, comme vous l'avez déjà fait pour une grosse partie de nos autres filiales, vous occuper de l'aménagement des salons.

Pour ce faire, nous invitons vos architectes d'intérieur à une visite des locaux au n°12 de la rue Müller dans le quartier de Wedding

le 4 juillet 1999
à 11 heures.

Merci de nous informer en temps voulu, si ce rendez-vous ne vous convenait pas.

Votre contact est Monsieur Wilfried Müller, du service du Marketing.

Recevez, Monsieur, nos salutations distinguées.

Hannes Knuth

Hannes Knuth

Bestellung

Bestellung einer TV-Anlage
Bestell-Nr. 223344, Artikel-Nr. 550

Sehr geehrte Damen und Herren,

ich bestelle die in Ihrem Prospekt auf Seite 17 beschriebene TV-Anlage »TV-WATCH« zum baldmöglichsten Zeitpunkt.

Ich bitte Sie, mir den Eingang dieser Bestellung schriftlich zu bestätigen und mich über den Liefertermin so bald wie möglich zu informieren.

Im Voraus vielen Dank für die schnelle Bearbeitung,

mit den besten Grüßen

Astrid Hahn

Astrid Hahn

Anlage: Prospektseite 17

Lieferung

Ihre Bestellung vom 10. Mai 1999
Best.-Nr. 221188

Sehr geehrte Frau Gerlich,

vielen Dank für Ihre Bestellung. Wir werden Ihren Auftrag umgehend bearbeiten. Die Auslieferung erfolgt voraussichtlich Mitte Juni d. J.

Wir werden Ihnen schriftlich den Termin mitteilen.

Mit freundlichen Grüßen

M. Fucher

Manuel Fucher

Commande d'un téléviseur
Commande-N°. 223344, Article-N°. 550

Mesdames et Messieurs,

j'aimerais commander le plus rapidement possible le téléviseur «TV-WATCH» décrit dans votre catalogue en page 17.

Je vous serais reconnaissante de me répondre par retour de courrier afin de m'informer le plus tôt possible de la date de livraison.

D'avance, je vous remercie de la rapidité de votre réponse.

Veuillez agréer, Mesdames et Messieurs, mes salutations distinguées.

Astrid Hahn

Astrid Hahn

Ci-joint: page 17 du catalogue

Votre commande du 10 mai 1999
N° de la commande: 221188

Chère Madame,

nous vous remercions de votre commande. Soyez assurée que nous apporterons tous nos soins à son exécution.
La livraison se fera a priori courant juin. Nous vous tiendrons informée de la date définitive par courrier.

Nous vous prions de croire, Madame, à l'expression de nos salutations distinguées.

M. Fucher

Manuel Fucher

Mitteilen des Lieferdatums

Ihre Bestellung vom 10.12.98
Mitteilen des Liefertermins

Sehr geehrte Frau Werner,

wir können Ihnen die bestellte Anlage zusenden. Wir werden Ihre Anlage am 04.03.99 an Ihre Anschrift Müllerstr. 12 in 10555 Berlin in der Zeit von 08.00 bis 16.00 Uhr ausliefern.

Bitte richten Sie es ein, dass Sie oder eine bevollmächtigte Person zur Annahme der TV-Anlage zur Verfügung stehen. Bitte halten Sie auch bei Barzahlung den Betrag in Höhe von

670.– DM zzgl. 16% MwSt, Versandkostenanteil, Verpackung = 792,20 DM

bereit oder informieren Sie uns, falls Sie wünschen, den Betrag zu überweisen. Falls Ihnen der o. g. Termin nicht zusagt, informieren Sie uns bitte umgehend, damit wir einen neuen Termin vereinbaren können.

Mit freundlichen Grüßen

Chantalle König

Chantalle König

Votre commande du 10.12.98
Informations sur la date de livraison

Chère Madame Werner,

nous sommes en mesure de pouvoir vous fournir la marchandise commandée. Votre article vous sera livré le 4 mars 1999 entre 8 et 16h à votre adresse à Berlin, au 12 de la rue Müller.

Merci de vous assurer que vous serez, ou une personne de votre choix, sur place afin de prendre livraison du téléviseur. Merci également de préparer le règlement en espèces à hauteur de:

670.– Mark plus 16 % de T.V.A, frais de port et d'emballage = 792,20 Mark

ou de nous informer si vous préférez payer par virement. Dans le cas où le rendez-vous proposé ci-dessus ne vous convenait pas, merci de nous contacter rapidement afin que nous puissions fixer une autre date.

Veuillez agréer, Madame, l'expression de nos salutations distinguées.

Chantalle König

Chantalle König

Rechnung

Rechnung
Ihre Bestellung vom 10.12.98, TV-Anlage, Lieferung am 04.03.99

Anzahl	Bestell-Nr.	Artikel-Nr.	Art	Einzelpreis
1	223344	550	»TV-WATCH«	670,00 DM
		MwSt 16 %		107,20 DM
		Verpackung		5,00 DM
		Versandanteil		10,00 DM
		Gesamtpreis		792,20 DM

Wie mit Ihnen am 27.02.99 telefonisch besprochen, bitten wir um Überweisung auf unser u. a. Konto bei der Berliner Sparkasse.

Für Ihre Bestellung danken wir Ihnen nochmals herzlich und hoffen, Sie werden an Ihrer TV-WATCH-Anlage lange Freude haben.

Mit freundlichen Grüßen

Technotinte GmbH

Chantalle König

Chantalle König

Berliner Sparkasse, BLZ 100 500 00, Kto.-Nr. 88448833

Facture
Votre commande du 10.12.98 (téléviseur). Livraison le 04.03.99

Nombre	N° de commande	N° des Articles	Modèle	Prix unitaire
1	223344	550	«TV-WATCH»	670,00 DM
		15 % T.V.A		107,20 DM
		Emballage		5,00 DM
		Frais de port		10,00 DM
		Prix total		792,20 DM

Comme convenu lors de notre conversation téléphonique du 27.02.99, veuillez trouver ci-dessous les références de notre compte bancaire à la Berliner Sparkasse pour votre règlement par virement.

Nous vous remercions à nouveau de votre commande et nous espérons que votre téléviseur vous apportera longtemps satisfaction.

Nous vous prions de croire, Madame, à l'expression de nos salutations distinguées.

Entreprise Technotinte

Chantalle König

Chantalle König

Berliner Sparkasse, Code Banque 100 500 00,
N° de compte 88448833

Mahnung

1. Mahnung
Ihre Bestellung vom 10.12.98, TV-Anlage, Lieferung am 04.03.99

Sehr geehrte Frau Werner,

am 04.03.99 lieferten wir Ihnen termingerecht die bestellte TV-Anlage. Leider ist die Überweisung auf unser u.a. Konto bei der Berliner Sparkasse noch immer nicht erfolgt.

Wir bitten Sie daher, die Zahlung in Höhe von 792,20 DM bis spätestens 25. April 1999 nachzuholen.

Hochachtungsvoll

Technotinte GmbH

Marlies Kittler

Marlies Kittler
Rechnungswesen

Berliner Sparkasse, BLZ 100 500 00, Kto.-Nr. 88448833

1er rappel
Votre commande du 10.12.98 (téléviseur). Livraison le 04.03.99

Chère Madame,

votre téléviseur vous a été livré le 04.03.99 comme convenu. Cependant, le règlement par virement sur notre compte de la Berliner Sparkasse n'a toujours pas été éffectué.

Nous vous prions, par conséquent, de bien vouloir procéder au règlement d'un montant de 792,20 DM au plus tard pour le 25 avril.

Nous vous prions de croire, Madame, à l'expression de nos sentiments respectueux.

Entreprise Technotinte

Marlies Kittler

Marlies Kittler
Service de facturation

Berliner Sparkasse, Code Banque 100 500 00,
N° de compte 88448833

Vollmachten

Abholen von Dokumenten

Vollmacht

Ich, Simon Remnant, bevollmächtige meinen Mitarbeiter, Herrn Fritz Müller, geb. am 10.07.50, folgende Dokumente abzuholen:

Patentbestätigung vom 07.12.96
Berechtigung vom 09.12.96

Remnant, Schandock & Co.

Simon Remnant

Simon Remnant

Vollmacht zur Anmeldung

Erlaubnis

Wir erlauben unserer Mitarbeiterin, Frau Christine Münster, geb. 30.03.55, wohnhaft Müllerstr. 10, 13353 Berlin, im Namen unserer Firma alle Fahrzeuge anzumelden.

Lurrig Automobile
Verkaufsleiter

ppa. Leonhardt Schön

Leonhardt Schön

Procuration

Je soussigné, Simon Remnant, déclare donner procuration à mon employé, Monsieur Fritz Müller, né le 10.07.50, pour retirer les documents suivants:

Enregistrement du Brevet du 07.12.97
Autorisation du 09.12.97

Remnant, Schandock & Co.

Simon Remnant

Simon Remnant

Autorisation

Nous autorisons notre employée, Madame Christine Münster, née le 30.03.55 et demeurant au 10 Müllerstr., 13353 Berlin, à immatriculer tout véhicule au nom de notre société.

Automobiles Lurrig
Directeur des ventes

par procuration Leonhardt Schön

Leonhardt Schön

Glückwunschschreiben

GEBURTSTAG

Sehr geehrter Herr Schmidt,

zu Ihrem 50. Geburtstag herzlichen Glückwunsch. Auf dass Sie weiterhin so gesund und munter bleiben.

Wir wünschen Ihnen alles, alles Gute

– Der Betriebsrat –

GEBURT

Liebe Frau Müller, lieber Herr Müller,

zur Geburt Ihrer Tochter die allerbesten Glückwünsche.

Wir wünschen dem kleinen Erdenbürger eine gesunde und glückliche Zukunft. Für das erste Sparschwein erhalten Sie einen Scheck in Höhe von 100,– DM.

Mit den besten Grüßen

– Personalabteilung –

UMZUG

Zum Bezug der neuen Geschäftsräume gratulieren wir ganz herzlich.

Wir wünschen Ihnen viel Erfolg.

Auf weiterhin gute Zusammenarbeit
– Fa. Müller & Co. KG

Félicitations

ANNIVERSAIRE

Chère Madame Schmidt,

tous nos voeux de santé et de vitalité vous accompagnent à l'occasion de votre 50ème anniversaire.

Nous vous souhaitons un très joyeux anniversaire.

– Le comité d'entreprise –

NAISSANCE

Chère Madame Müller, Cher Monsieur Müller,

toutes nos félicitations pour la naissance de votre fille.

Nous souhaitons à la nouveau-née une vie heureuse et en bonne santé. Pour sa première tirelire, recevez un chèque d'un montant de 100.– DM.

Tous nos compliments

– Le service du personnel –

DEMENAGEMENT

Nous vous adressons nos plus vives félicitations à l'occasion de votre installation dans de nouveaux locaux.

Nous vous souhaitons beaucoup de réussite.

Avec nos salutations distinguées
– Ent. Müller & Co. KG

Reisen

Reservierung

Bitte um Reservierung eines Einzelzimmers

Sehr geehrte Damen und Herren der Reservierungsabteilung,

ich bitte um Reservierung eines Einzelzimmers für

Herrn Walter Schmidt
in der Zeit vom 10. bis 11. März 1999

Herr Schmidt wird erst nach 22.00 Uhr anreisen. Die Rechnung wird von unserem Haus übernommen.

Bitte senden Sie die Rechnung daher an die folgende Anschrift:

Müller & Müller, Rechtsanwälte, Müllerstr. 10, 13353 Berlin
Mit freundlichem Dank,

Melanie Fricker

Melanie Fricker

Réservation

Demande de réservation d'une chambre simple

Mesdames, Messieurs,

je vous prie de réserver une chambre simple

pour Monsieur Walter Schmidt
pour la nuit du 10 au 11 mars.

Monsieur Schmidt n'arrivera pas avant 22 heures.
La facture sera prise en charge par notre bureau.
Par conséquent, merci de nous l'envoyer à l'adresse suivante:

Müller & Müller, Cabinet d'avocats, Müllerstr. 10, 13353 Berlin

Veuillez recevoir, Mesdames, Messieurs, l'assurance de mes salutations distinguées.

Melanie Fricker

Melanie Fricker

Allgemeine Anfrage

Ihre Anfrage

Sehr geehrte Damen und Herren,

vielen Dank für Ihre Anfrage. Wir senden Ihnen in der Anlage einen Auszug unserer Preisliste.

Mit freundlichen Grüßen

Bärbel Nitsche

B. Nitsche

Anlage

Informationseinholung

Sehr geehrte Damen und Herren,

ich schreibe Ihnen, um Sie zu bitten, mir nähere Informationen zu Übernachtungsmöglichkeiten in Paris zukommen zu lassen.

Ich würde mich sehr freuen, wenn Sie mir Näheres zu preiswerten Hotels und Pensionen in oder bei Paris mit einer Umgebungskarte zusenden könnten.

In der Hoffnung, bald von Ihnen zu hören,

mit freundlichen Grüßen

David Mahler

David Mahler

Votre requête

Mesdames et Messieurs,

nous vous remercions de votre requête et nous vous adressons un extrait de la liste de nos prix courants.

Veuillez agréer, Mesdames, Messieurs, nos salutations distinguées.

Bärbel Nitsche

B. Nitsche

Documents joints

Demande d'informations

Mesdames, Messieurs

je vous écris dans l'espoir que vous puissiez me faire parvenir des informations détaillées concernant les possibilités d'hébergement sur Paris.

Je vous serais reconnaissant de bien vouloir m'envoyer une documentation précise sur les hôtels bon marché et les pensions dans Paris ou dans les environs ainsi qu'une carte des alentours.

Dans l'espoir de vous lire prochainement,

je vous prie de croire, Mesdames, Messieurs, à l'expression de mes salutations distinguées.

David Mahler

David Mahler

Einladung

Einladung
Eröffnung unserer neuen Geschäftsräume

Sehr geehrter Herr Jung,

zur Eröffnung unserer neuen Ausstellungsräume in Berlin-Wedding möchten wir Sie ganz herzlich einladen.

Die Feier wird im Kreise unserer Freunde und Geschäftspartner stattfinden. Wir würden uns daher sehr freuen, auch Sie am

Samstag, 17. August 1999
ab 11.00 Uhr
in unseren Räumen in der Pankstr. 10, 13353 Berlin

begrüßen zu dürfen. Für Ihr leibliches Wohl wird bestens gesorgt sein. Wir freuen uns auf Ihr Kommen.

Mit den besten Grüßen

W. H. Friedrich

Wilhelm Friedrich

Invitation
Inauguration de nos nouveaux locaux

Cher Monsieur Jung,

vous êtes cordialement invité à l'inauguration de nos nouveaux locaux à Berlin dans le quartier de Wedding.

Le cocktail se déroulera autour d'un cercle d'amis et de collaborateurs. Nous serions ravis par conséquent de pouvoir vous compter parmi nos invités le:

Samedi 17 août 1999
à partir de 11 heures
dans nos locaux au 10 Pankstr., 13353 Berlin

Nous ferons tout notre possible pour que vous passiez une agréable soirée. Nous nous réjouissons de vous avoir parmi nous.

Nous vous prions de croire, Monsieur, à l'expression de nos sentiments dévoués.

W. H. Friedrich

Wilhelm Friedrich

Formulare im Sekretariat

Faxdeckblatt

Tiefenbrunn & Co KG Spandauer Damm 10 13353 Berlin Tel. (0 30) 33 44 55 Fax. (0 30) 33 44 56	
Empfänger	
Fax-Nr. Empfänger	
Absender	
Abteilung	
Fax-Nr. Absender	
Tel.-Nr. Absender	
Datum	
Anzahl der folgenden Seiten	
Anzahl Seiten (inklusive Deckblatt)	
Bitte informieren Sie uns bei Fehlübertragung unter der Tel-Nr. (0 30) 3 34 40. Vielen Dank.	

Formulaires (m) de secrétariat

Page de garde de Fax

Tiefenbrunn & Co. KG
Spandauer Damm 10
13353 Berlin
Tel. (0 30) 33 44 55 Fax. (0 30) 33 44 56

A l'attention de	
Votre numéro de télécopie	
De la part de	
Service	
Notre numéro de télécopie	
Notre numéro de téléphone	
Date	
Nombre de pages suivantes	
Nombre total de pages (page de garde comprise)	

Merci de nous contacter à ce numéro si vous constatez une erreur à la réception de ce fax : (0 30) 3 34 40.

Faxantwort

Faxantwort

Bitte faxen Sie an: (0 30) 3 11 88 9-19
Oder senden Sie an:

NOVEDIA GmbH
Hardenbergstr. 19
10623 Berlin

– Zutreffendes bitte ankreuzen –
☐ Ja, ich möchte Ihre Produkte kennen lernen!

☐ Wir besuchen Sie in Ihren Verkaufsräumen.
☐ Wir kommen am .... gegen .... Uhr.
☐ Wir können leider nicht persönlich kommen.

Bitte senden Sie uns Informationsmaterial zu:
☐ Ihre Preisangebot
☐ Ihren Katalog A

☐ Wir möchten mehr über Ihre Produkte erfahren und bitten um Anruf

Absender:
Firma
Branche
Ansprechpartner
Straße
PLZ/Ort
Telefon
Fax

Réponse par fax

Merci de nous faxer votre réponse au: (0 30) 3 11 88 9-19
ou par courrier à l'adresse suivante:

NOVEDIA GmbH
Hardenbergstr. 19
10623 Berlin

– Cocher les cases correspondantes –

☐ OUI, je désire connaître vos nouveaux produits

☐ Nous venons vous rencontrer dans vos bureaux
☐ Nous venons le .... vers .... heures.
☐ Nous ne pouvons malheureusement pas vous rencontrer personnellement.

Merci de nous envoyer de la documentation sur:
☐ Votre liste des prix en vigueur
☐ Votre catalogue A

☐ Nous désirons mieux connaître vos produits.
Merci de nous contacter à nos bureaux.

Expéditeur
Entreprise
Branche
Contact
Rue-
Code postal/Ville
Téléphone
Fax

Mitteilungsformulare

Fa. Müller & Co. KG Müllerstr. 10 13353 Berlin Tel. (0 30) 33 44 55 Fax. (0 30) 33 44 56	Datum: 15. April 1998 Betreff: Rechnung Nr. 17755 Beiliegend erhalten Sie ...
	Mit der Bitte um
Herrn/Frau Kühne Margaretenstr. 10 10555 Berlin	☐ Kenntnisnahme ☐ Rückgabe nach Kenntnisnahme ☐ schriftliche Stellungnahme ☐ Erledigung/Zahlung ☐ Telefonanruf ☐ Unterzeichnung und Rückgabe

Hauspost

Hauspost		
Von:	An:	Datum:
Abteilung/Zeichen:	Abteilung:	Betreff:

Formulaires d'information

Ent. Müller & Co. KG Müllerstr. 10 13353 Berlin Tel. (0 30) 33 44 55 Fax. (0 30) 33 44 56	Date: le 15. Avril 1999 Objet: Facture N° 17755 Ci-joint: ...
	Prière de:
Monsieur/Madame Kühne Margaretenstr. 10 10555 Berlin	☐ prendre connaissance ☐ retourner après lecture ☐ pour avis avec réponse écrite ☐ pour action/pour règlement ☐ rappel téléphonique ☐ retourner après validation

Courrier interne		
De:	A:	Date:
Service/Références:	Service:	Objet:

Telefonnotiz

Telefonnotiz	
Für:	Eilig ☐
Datum:	Zeit: ....
Notiz während Ihrer Abwesenheit	
Teilnehmer:	Firma: ....
Tel.-Nr.:	Fax.-Nr.: ....
Telefonisch ☐ Persönlich ☐ Bittet um Termin ☐	Bittet um Anruf ☐ Ruft noch mal an ☐
Nachricht: ____________________________ ____ ____ ____ ____ ____ ____ ____	
____________________ Unterschrift	____________________ Datum
Bitte wenden	

Message téléphonique	
Pour:	Urgent ☐
Date:	Heure: ....
Message durant votre absence	
Correspondant:	Société: ....
N° Tél.:	N° Fax: ....
Appel téléphonique ☐	A rappeler ☐
Personnel ☐	Rappellera ☐
Demande de rendez-vous ☐	
Message: ________________________________	
________________________________	
________________________________	
________________________________	
________________________________	
________________________________	
________________________________	
________________________________	
________________ Signature	________________ Date
Tournez s.v.p.	

Informationen und Tipps

Buchstabieralphabet

Deutsches Buchstabieralphabet

Im Deutschen verwendet man dieses Buchstabieralphabet:

A	Anton	J	Julius	Sch	Schule
Ä	Ärger	K	Kaufmann	T	Theodor
B	Berta	L	Ludwig	U	Ulrich
C	Cäsar	M	Martha	Ü	Übermut
CH	Charlotte	N	Nordpol	V	Victor
D	Dora	O	Otto	W	Wilhelm
E	Emil	Ö	Ökonom	X	Xanthippe
F	Friedrich	P	Paula	Y	Ypsilon
G	Gustav	Q	Quelle	Z	Zacharias
H	Heinrich	R	Richard		
I	Ida	S	Samuel		

Internationales Buchstabieralphabet

Für die fremdsprachliche Buchstabierung von Wörtern empfiehlt sich das Internationale Buchstabieralphabet:

A	Amsterdam	J	Jerusalem	S	Santiago
B	Baltimore	K	Kilogramme	T	Tripoli
C	Casablanca	L	Liverpool	U	Upsala
D	Danmark	M	Madagaskar	V	Valencia
E	Edison	N	New York	W	Washington
F	Florida	O	Oslo	X	Xanthippe
G	Gallipoli	P	Paris	Y	Yokohama
H	Havana	Q	Quebec	Z	Zürich
I	Italia	R	Roma		

Französisches Buchstabieralphabet

A	Albert	J	Jules	S	Suzanne
B	Berthe	K	Kléber	T	Théodore
C	Camille	L	Louis	U	Ursule
D	Denise	M	Marie	V	Victor
E	Emile	N	Noémie	W	Wagram
F	François	O	Oscar	X	Xavier
G	Gaston	P	Paul	Y	Yvonne
H	Hector	Q	Québec	Z	Zoé
I	Irma	R	Raoul		

Telefon

Auskunft

(Information (f)*)*

1 18 33	Standard Inland
1 18 34	Auslandsauskunft
0 11 89	Komfortauskunft
0 11 41	Auftragsdienst/Weckaufträge
01 30 01 61	Konferenzanmeldung
0 80 03 30 11 31	Telegramm Inland telefonisch
0 80 03 30 11 33	Telegramm Ausland telefonisch
0 80 03 30 11 32	Telegramm per Fax Inland
0 80 03 30 11 34	Telegramm per Fax Ausland
00 10	R-Gespräche

Vorwahlnummern

Vorwahl für Deutschland ist international ist in der Regel die 00 49. Bei einem Auslandsgespräch ist bei der Ortsvorwahl die erste 0 wegzulassen. Beispiel:
00 49 - 30 - 33 22 10 für Berlin
00 49 - 89 - 33 22 10 für München etc.

Land	Vorwahl	Städte
Belgien	00 32	
Antwerpen		3
Brüssel		2
Deutschland	00 49	
Berlin		30
Hamburg		40
Düsseldorf		2 11
Bonn		2 28
Frankfurt/M		69
München		89
Frankreich	00 33	
Bordeaux		5
Caen		2
Le Havre		2
Lille		3
Lyon		4
Marseille		4
Nancy		3
Nantes		2
Nice		4
Nîmes		4
Paris		1
Strasbourg		3
Toulouse		5

Land	Vorwahl	Städte
Griechenland	00 30	
Athen		1
Großbritannien	00 44	
London (innen)		1 71
London (außen)		1 81
Italien	00 39	
Rom		6
Irland	0 03 53	
Dublin		1
Niederlande	00 31	
Amsterdam		20
Den Haag		70
Schweden	00 46	
Stockholm		8
Österreich	00 43	
Wien		1
Portugal	0 03 51	
Lissabon	1	
Schweiz	00 41	
Bern		31
Zürich		1
Spanien	00 34	
Barcelona		3
Madrid		1

Land	Vorwahl	Städte
USA	0 01	
New York		212
Washington DC		202

Ansagen der Telefonnummer

Es empfiehlt sich, jede Nummer einzeln anzusagen um Missverständnisse zu vermeiden. Ferner kann es hilfreich sein anzugeben, wofür die einzelnen Nummern stehen, also Ländervorwahl, Städtevorwahl, Firmen-Nr. und Durchwahl mit anzusagen. Hier ein Beispiel

00 49 für Deutschland, 30 für Berlin, 31 18 89 für unsere Firma NOVEDIA und die Durchwahl 11 für Herrn Metter.

Composez le 00 49 pour l'Allemagne, 30 pour Berlin, 33 22 pour notre entreprise et 10 pour la ligne téléphonique de M. Metter.
Départements in Frankreich (Postleitzahlen)

Anhand der Postleitzahl auf Briefen können Sie somit auch die Départements – also die geographische Bestimmung – zuordnen. (Beispiel: Lyon im Département Rhône hat die ersten beiden PLZ-Ziffern 69.)

Verwaltung in Frankreich

Frankreich wird in die drei Verwaltungsebenen Regionen (régions), Départements und Communes (Gemeinden) unterteilt.

Von den insgesamt 26 Regionen liegen 22 in Frankreich, die übrigen 4 in Übersee: Guyane, Guadeloupe, Martinique und Réunion.

Die Regionen Frankreichs

Nord-Pas-de-Calais
Basse-Normandie
Haute-Normandie
Picardie
Bretagne
Île-de-France
Champagne-Ardenne
Lorraine
Alsace
Pays de la Loire
Centre
Bourgogne
Franche-Comté
Poitou-Charentes
Limousin
Auvergne
Rhône-Alpes
Aquitaine
Midi-Pyrénées
Languedoc-Roussillon
Provence-Alpes-Côte d'Azur
Corse
Guadeloupe
Martinique
Réunion
Guyane

Départements

01	Ain
02	Aisne
03	Allier
04	Alpes-de-Haute-Provence
05	Alpes (Hautes-)
06	Alpes-Maritimes
07	Ardèche
08	Ardennes
09	Ariège
10	Aube
11	Aude
12	Aveyron
13	Bouches-du-Rhône
14	Calvados
15	Cantal
16	Charente
17	Charente-Maritime
18	Cher
19	Corrèze
20a	Corse-du-Sud
20b	Haute-Corse
21	Côte-d'Or
22	Côtes-du-Nord
23	Creuse
24	Dordogne
25	Doubs
26	Drôme
27	Eure
28	Eure-et-Loire
29N	Finistère-Nord
29S	Finistère-Sud
30	Gard
31	Garonne (Haute-)
32	Gers
33	Gironde
34	Hérault
35	Ille-et-Vilaine
36	Indres
37	Indre-et-Loire
38	Isère
39	Jura

40	Landes	68	Rhin (Haut-)
41	Loir-et-Cher	69	Rhône
42	Loire	70	Saône (Haute-)
43	Loire (Haute-)	71	Saône-et-Loire
44	Loire-Atlantique	72	Sarthe
45	Loiret	73	Savoie
46	Lot	74	Savoie (Haute-)
47	Lot-et-Garonne	75	Paris (Ville de)
48	Lozère	76	Seine-Maritime
49	Maine-et-Loire	77	Seine-et-Marne
50	Manche	78	Yvelines
51	Marne	79	Sèvres (Deux-)
52	Marne (Haute-)	80	Somme
53	Mayenne	81	Tarn
54	Meurthe-et-Moselle	82	Tarn-et-Garonne
55	Meuse	83	Var
56	Morbihan	84	Vaucluse
57	Moselle	85	Vendée
58	Niévre	86	Vienne
59	Nord	87	Vienne (Haute-)
60	Oise	88	Vosges
61	Orne	89	Yonne
62	Pas-de-Calais	90	Territoire de Belfort
63	Puy-de-Dôme	91	Essonne
64	Pyrénées-Atlantiques	92	Hauts-de-Seine
65	Pyrénées (Haute-)	93	Seine-Saint-Denis
66	Pyrénées-Orientales	94	Val de Marne
67	Rhin (Bas-)	95	Val d'Óise

Zeitzonen

Bitte beachten Sie die Zeitverschiebung bei Ferngesprächen. Grundsätzlich ist es von Europa aus gesehen in westlicher Richtung früher, in östlicher Richtung später als bei uns.

Bei Anrufen im Ausland ist auch zu bedenken, dass viele Angestellte erst ab ca. 9.00 Uhr im Büro zu erreichen sind.

Diese Tabelle erfasst nur den ungefähren Zeitunterschied zur Mitteleuropäischen Zeit (MEZ). Besonders in den USA und Teilen der GUS gibt es verschiedene Zeitzonen.

westlich						Europa
Teile USA	Teile USA	Teile USA, Mexiko, Teile Kanadas, Chicago	Teile USA, Teile Kanadas, New York, Philadelphia, Teile Brasiliens, Teile Argentiniens, Dominikanische Rep.	Südamerika, Teile Brasiliens, Teile Argentiniens, Teile Kanadas	West-Afrika	Portugal, Irland, Großbritannien
– 12	– 10	– 8	– 6	– 4	– 2	– 1

		östlich					
BRD Dänemark, Niederlande, Spanien, Italien, Polen	Griechenland, Türkei	Südafrika, Ostafrika, Teile Russlands, Moskau	Teile Russlands	Teile Chinas, Teile Russlands	Teile Chinas, Teile Australiens, Teile Russlands	Teile Russlands	Teile Russlands
0	+ 1	+ 2	+ 4	+ 6	+ 8	+ 10	+ 12

Zeitangaben

Die Uhrzeit

Im schriftlichen Gebrauch wird die 24-stündige Uhrzeitangabe verwendet. In der Umgangssprache werden die Stunden – ähnlich dem Deutschen – von 1 – 12 sowohl für die Tages- als auch für die Nachtzeit gezählt.

Um im mündlichen Sprachgebrauch Missverständnisse zu vermeiden, wird im Französischen die Tageszeit mit angegeben, also:

Von 01.00 Uhr bis 11.00 Uhr Mittags = (du) midi
Von 13.00 Uhr bis 17.00 Uhr Nachmittags = (de l')après-midi
Von 18.00 Uhr bis 23.00 Uhr = (du) soir

Es ist	Il est
15.00 Uhr	trois heures de l'après-midi oder quinze heures
10.00 Uhr	dix heures du matin
23.00 Uhr	onze heures du soir oder vingt-trois heures

Besonderheiten:

es ist ...	il est ...
12.00 Uhr (mittags)	midi
24.00 Uhr	minuit

Wie spät ist es? Es ist ...	Quelle heure est-il? Il est ...
10.05 Uhr	dix heures cinq
08.15 Uhr	huit heures quinze
08.15 Uhr (viertel nach acht)	huit heures et quart

09.45 Uhr	neuf heures quarante-cinq
09.45 Uhr (viertel vor zehn)	dix heures moins le quart
16.10 Uhr	quatre heures dix (l'après midi)
11.30 Uhr	onze heures trente
11.30 Uhr (halb zwölf)	onze heures et demie
09.05 Uhr	neuf heures cinq
14.50 Uhr	deux heures cinquante
14.50 Uhr (zehn vor drei)	trois heures moins dix

Angabe des Datums

Die Monatsnamen werden ohne Artikel geschrieben. Häufig verwendet man im gesprochenen Französisch die Zusätze »im Monat«, also le bzw. au mois de. Bei der Angabe des Datums wird der Artikel und die Grundzahl (also *nicht* die Ordnungszahl wie erste, zweite, dritte etc. …) gebraucht. Die Ausnahme bildet der Erste jeden Monats. Hier einige Beispiele

Erster Juli	premier juillet *aber:*
Zweiter Juli	deux juillet
Fünfter Januar	cinq janvier
Zwölfter Juni	douze juin

Im Brief kann man die numerische deutsche Schreibweise verwenden, besser ist aber – wie in jedem fremdsprachlichen schriftlichen Gebrauch – die Verwendung der ausgeschriebenen Monatsangabe.

10.01.99	10.01.99 oder
	le 10 janvier 1999 (besser)
12.05.99	12.05.99 oder
	le 12 mai 1999 (besser)

Monatsnamen

(Les mois [m.]*)*

Januar	Janvier
Februar	Février
März	Mars
April	Avril
Mai	Mai
Juni	Juin
Juli	Juillet
August	Août
September	Septembre
Oktober	Octobre
November	Novembre
Dezember	Décembre

Jahreszeiten

(Les saisons [f.]*)*

Frühling	Le printemps (m)
Sommer	L'été (m)
Herbst	L'automne (m)
Winter	L'hiver (m)

Wochentage

(Les jours [m.] *de la semaine* [f.]*)*

Montag	lundi
Dienstag	mardi
Mittwoch	mercredi
Donnerstag	jeudi
Freitag	vendredi
Samstag	samedi
Sonntag	dimanche

Einheiten

(Les unités [f.]*)*

Temperaturen

(Les températures [f.]*)*

Die Temperatur wird in Frankreich wie im Deutschen in Grad Celsius angegeben und geschrieben. Hier einige Beispiele zur Aussprache und Formulierung.

Il fait ... oder ... La température est de ... degrés

+ 10 °C	Il fait plus dix (degré)
– 2 °C	Il fait moins deux (degré)
0 °C	Il fait zéro (degré)
30 °C	Il fait trente degrés

Maße

(Les mesures [f.]*)*

Hier die eine Auswahl der Maße und Gewichte:

Liter	Litre (m) = l
Deziliter	Décilitre (m) = dl
Gramm	Gramme (m) = g
Kilogramm	Kilogramme (m) = kg
Tonne	Tonne (f)
Meter	Mètre (m) = m
Zentimeter	Centimètre (m) = cm
Kilometer	Kilomètre (m) = km
Quadratmeter	Mètre carré (m) = m^2
Quadratkilometer	Kilomètre carré = km^2
Pferdestärke (PS)	Chevaux (m) = CV
Stundenkilometer	Kilomètre par heure oder kilomètre à l'heure

Zahlen

(Les chiffres [m.]/*les nombres* [m.]*)*

Ordnungszahlen

(Les nombres cardinaux [m.]*)*

Während im Deutschen erstens, zweitens usw. als 1. und 2. (also mit einem Punkt nach der Zahl) gekennzeichnet sind, schreibt man im Französischen Folgendes:

1.	1er	(en) premier/le premier
2.	2e	(en) deuxième/le second
3.	3e	(en) troisième
4.	4e	(en) quatrième
5.	5e	(en) cinquième
6.	6e	(en) sixième
7.	7e	(en) septième
8.	8e	(en) huitième
9.	9e	(en) neuvième
10.	10e	(en) dixième
20.	20e	(en) vingtième
50.	50e	(en) cinquantième
100.	100e	(en) centième
101.	101e	(en) cent(et)unième
1000.	1000e	(en) millième
1001.	1001e	(en) mille(et)unième

Aufzählungen

Erstens	Premièrement
Zweitens	Deuxièmement
Drittens	Troisièmement
Viertens	Quatrièmement
Fünftens	Cinquièmement

Komma und Punkt bei Zahlen

Im Französischen werden Zahlenangaben wie im Deutschen durch ein Komma getrennt.

Länderangaben für den Postversand

Deutsch	**Inter-national**	**Französisch**	**Haupt-städte (*capitale* [f.]) (Französisch)**	**Interna-tionale Länder-kurz-zeichen**
Algerien	Algeria	l'Algérie	Alger	DZ
Argentinien	Argentina	l'Argentine	Buenos Aires	RA
Australien	Australia	l'Australie	Canberra	AUS
Belgien	Belgium	la Belgique	Bruxelles	B
Brasilien	Brazil	le Brésil	Brasilia	BR
China	China	la Chine	Pékin	
Dänemark	Denmark	le Danemark	Copenhague	DK
Deutschland	Germany	l'Allemagne	Berlin	D
Finnland	Finland	la Finlande	Helsinki	FIN
Frankreich	France	la France	Paris	F
Griechenland	Greece	la Grèce	Athènes	GR
Groß-britannien	Great Britain	la Grande-Bretagne, le Royaume-Uni	Londres	GB
Indien	India	l'Inde	New-Delhi	IND
Irland	Ireland	l'Irlande	Dublin	IRL
Italien	Italy	l'Italie	Rome	I
Kanada	Canada	le Canada	Ottawa	CDN
Luxemburg	Luxemburg	le Luxembourg	Luxembourg	L
Mexiko	Mexico	le Mexique	Mexico	MEX

Deutsch	**Inter-national**	**Französisch**	**Haupt-städte (*capitale* [f.]) (Französisch)**	**Interna-tionale Länder-kurz-zeichen**
Nieder-lande	Netherlands	les Pays-bas	La Haye/ Amsterdam	NL
Norwegen	Norway	la Norvège	Oslo	N
Österreich	Austria	l'Autriche	Vienne	A
Polen	Poland	la Pologne	Varsovie	PL
Portugal	Portugal	le Portugal	Lisbonne	P
Schweiz	Switzerland	la Suisse	Berne	CH
Spanien	Spain	l'Espagne	Madrid	E
Südafrika	South Africa	l'Afrique du Sud	Pretoria	ZA
Tunesien	Tunisia	la Tunisie	Tunis	TN
Türkei	Turkey	la Turquie	Ankara	TR
Ungarn	Hungary	la Hongrie	Budapest	H
Vereinigte Staaten von Amerika	United States of America	les Etats unis d'Amérique	Washington	USA

Firmenformen und rechtliche Bezeichnungen

Aktiengesellschaft	société anonyme (par actions) (S.A)
eingetragener Verein (e.V.)	société enregistrée
Firma (Fa.)	entreprise(ent.)/ société(sté)/firme/ compagnie
Gebrüder (Gebr.)	frères
Gegründet (gegr.)	fondé(e)
Gesellschaft (Ges.)	société
Gesellschaft mit beschränkter Haftung (GmbH)	Société à responsabilité limitée](S.A.R.L)
Handelsorganisation (HO)	organisation commerciale
Herausgeber (Hrsg.)	éditeur
im Auftrag (i.A.)	par ordre (p.o.)
in Vertretung (i.V.)	par délégation
Inhaber (Inh.)	propriétaire
Kommanditgesellschaft	société en commandite
Müller AG	S.A. Müller
Nachfolger (Nachf.)	successeur
Offene Handelsgesellschaft (OHG)	société en nom collectif
Per Procura (pp[a].)	par procuration
Tochtergesellschaft	Société filiale/filiale

Titel und deren Abkürzungen

Doktor (Dr.)	Docteur (Dr)
Doktor der Medizin (Dr. med.)	Docteur en médecine
Doktor der Ingenieurs-wissenschaften. (Dr.-Ing.)	Ingénieur docteur
Doktor des Rechts (Dr. jur.)	Docteur en droit
Professor (Prof.)	professeur (Prof.)
Diplomingenieur (Dipl.-Ing.)	Ingénieur diplômé

Allgemein gebräuchliche Abkürzungen

A.J. (Auberge de jeunesse)	Jugendherberge
arrt (arrondissement)	Bezirk
Av, av. (avenue)	Damm/Straße
B.F. (Banque de France)	entspricht in etwa der Deutschen Bundesbank
B.P.F. (bon pour francs)	Scheckvermerk
Bd, bd, blvd. (Boulevard)	Allee
C.A. (chiffre d'affaire)	Umsatz
C.C.I. (chambre de commerce et d'industrie)	entspricht der Industrie- und Handelskammer
C.C.P. (compte chèques postaux)	Postscheckkonto
cf (confère/voir)	siehe
ct (courant)	laufender Monat
Dép. (Département)	Bezirk, Bereich

DUT (Diplôme universitaire de technologie)	Technisches Universitätsdiplom
Fco (Franco)	frei (Post)
H.S. (hors service)	außer Betrieb
I.U.T. (Institut universitaire technologique)	Technisches Hochschulinstitut
P.C.C. (pour copie conforme)	für die Richtigkeit der Abschrift
P.D. (port dû)	unfrei (Post)
p.ex. (par exemple)	zum Beispiel
P.N.B. (produit national brut)	Bruttoinlandsprodukt
R.A.T.P. (Régie Autonome des Transports Parisiens)	Pariser Verkehrsbetriebe
R.C. (registre du commerce)	Handelsregister
R.E.R. (Réseau Express Régional)	Regionales Express-Netz
R.N. (Route nationale)	Landstraße
R.P. (réponse payée)	bezahlte Antwort (Post)
R.SVP (répondez s'il vous plaît)	bitte antworten
Rdv (Rendez-vous)	Treffen, Meeting
Réf. (réference)	Betreff
ss (suivant)	folgende
SVP (S'il vous-plaît)	Bitte
T. SVP (Tourner s'il vous plaît)	Bitte wenden
T.V.A. (Taxe sur la valeur ajoutée)	Mehrwertsteuer
TGV (Train Grande Vitesse)	Schnellzug

Grammatik/Besonderheiten

Akzente

Anders als im Deutschen existieren in der französichen Sprache so genannte Accents (Sonderzeichen, die die besondere Betonung der Silben bestimmen).

Zeichen	Name	Beispiele
´	accent aigu	carré, thé, trésor
`	accent grave	pièce, père, mètre
^	accent circonflexe	fête, être
œ	o e dans l'o	Cœur
Ç	cédille	façon, français

Tipp für Darstellung mit dem PC:
Accent aigu: Accent-Taste (neben ? bzw. ß), Vokal
Accent grave: Shift + Accent-Taste, Vokal
Accent circonflexe: links neben der 1, Vokal

Problematisch wird die Darstellung der Sonderzeichen Cédille und *oe dans l'o*. Will man nicht auf die französische Tastaturbelegung wechseln, so empfiehlt sich der Einsatz von Sonderzeichen (z. B. bei Word unter Einfügen, Sonderzeichen, normaler Text). Wenn Sie diese Zeichen nicht darstellen können, wird Ihnen aber auch kein Franzose den Kopf abreißen. Belassen Sie es dann bei einem einfachen c bzw. o und e.

Geschlechtsbezeichnung

Unbestimmte Artikel – article indéfini

Ein	un
Eine	une
Ein	un/une
(Plural)	des

Bestimmte Artikel – article défini

Der	le
Die	la
Das	le/la
die (Plural)	les

Er	il
Sie	elle
Es	il/elle
sie (Plural)	ils/elles

Wichtige Sonderfälle

Bei der Verwendung von de + le (von dem) werden de und le zusammengezogen zum »du«.

Pluralbildung

Die einfachen Substantive erhalten bei der Pluralbildung einfach ein nicht-ausgesprochenes S am Ende wie bei un ami / deux amis

Ausnahmen (ausgewählte Sonderfälle)

Plural-Bildung	vergleichbare deutsche Aussprache	Beispiele
aux	O	un journal/deux journaux
eux, aeux	Ö	un manteau/deux manteaux
mes	(me wie in Tee)	Madame/Mesdames Monsieur/Messieurs

Personalpronomen mit Hilfsverb

Haben	Avoir	Sein	Être
ich habe	J'ai	ich bin	je suis
du hast	Tu as	du bist	tu es
er hat	Il a	er ist	il est
man hat	On a	man ist	on est
wir haben	nous avons	wir sind	nous sommes
ihr habt	vous avez	ihr seid	vous êtes
sie haben	ils ont (elles ont)	sie sind	ils sont (elles sont)

In der Regel werden nur solche Verben geschlechtsspezifisch geändert, die mit être gebildet werden. Die meisten mit avoir gebildeten Verben werden nicht geändert.

Beispiel:

Elle est invitée **aber** Il est invité
Elles sont invitées **aber** ils sont invités

Vokabular

Abendessen	Le dîner
Abfliegen	Décoller
Abflug	Le décollage
Ablehnen	Rejeter
Abreisen	Partir
Absagen	Annuler
Absender	Expéditeur: oder De:
Abstimmung durch Handzeichen	Vote à main levée
Abteilung	Service
Abwesenheit	Une absence
Adresse	Une adresse
Akzeptieren	Accepter
Anbei	Ci-inclus
Anfrage	La requête
Angaben	Les informations
Angelegenheit	Sujet
Angenehm	Agréable
Angestellter	Employer
Ankommen	Arriver
Ankunft	Une arrivée
Anlage	La pièce jointe oder une annexe
Anmelden	Inscrire
Anmeldung	Une inscription
Anmieten	Louer
Anreisen	Arriver
Anrufbeantworter	Répondeur automatique
anrufen	Contacter, appeler
Antrag	La motion
Antwort	La réponse
Antworten	Répondre

Anulieren	Annuler
Anwesenheit	La présence
Anzahlung	Un acompte
Anzahlung (leisten)	Verser (d'acompte)
Apparat	Un appareil
Aufrichtig	Sincèrement
Auftrag	La commande
Auftragsbestätigung	Accusé de commande
Aufwiederhören	Au revoir
Ausführen	Exécuter
Ausführlich	Clairement
Ausgebucht sein	Etre complet
Ausrichten	Prendre un message
Außer Betrieb (sein)	(être) hors service
Automatischer Anruf-beantworter	Répondeur automatique
Bald	Rapidement
Baldig	Prompt(e)
Baldmöglichst	Dès que possible
Bankverbindung	Les coordonnées bancaires
Bar (bezahlen)	(Payer) en espèces
Barkauf	L'achat au comptant
Bedanken	Remercier
Bedauern	Regretter
Bedingt (durch)	Par suite de
Bedingungen	Les conditions
Begleichen	Régler
Beglichen (werden)	Etre régler
Beigefügt(e Ware)	(Les produits) ci-joints
Beiliegend	Ci-joint
Beinhalten	Comprendre
Bekanntschaft (machen)	(Faire) la connaissance
Berechtigt (unterschrifts-)	Habilité(e)
Berufliche (Gründe)	Raisons professionnelles
Bescheinigen	Attester
Beschluss	La résolution
Beschreiben	Décrire
Beschrieben sein	(Être) décrit

Bestätigen	Accuser, confirmer
Bestätigung	Confirmation
Bestellung	La commande
Bestellung	Commande
Betrag	Le montant
Betrübt sein	Etre désolé(e)
Bevollmächtigen	Donner une procuration (pour)
Bezahlte Antwort (Post)	Réponse payée, R.P.
Bezirk	Un arrondissement
Bezirk, Bereich	Département
Bezüglich	Concernant
Billig	Moins chère
Bitte antworten	Répondez s'il vous plaît, R.SVP
Bitte zahlen Sie per Scheck	Merci de régler par chèque
Bitten (ich bitte Sie ...)	Je vous prie
Bleiben (in)	Rester (à)
Blindsendung	Écogramme
Brauchen	Avoir besoin
Brauchen	Avoir besoin de
Brief	La lettre
Broschüre	Un prospectus
Buchen	Réserver
Buchstabieren	Epeler
Büro	Un bureau
ca.	Approximativement
Daher	D'où
Datei	Le fichier
Daten	Les informations
Defekt	Le défectueux
Deutlich	Clairement
Dias	Diapositives
Direktflug	Le vol direct
Dokumente	Les documents
Doppelzimmer	Une chambre double
Dringend	Urgent
Drucksache	Imprimés

Durchstellen	Passer
Durchwahl	Le numéro direct
Eigenhändig	A remettre en main propre
Eilzug	Le train express
Eilzustellung	Express
Eingegangen am	Reçue le
Einkaufsabteilung	Service des ventes
Einladen	Inviter
Einladung	Une invitation
Einschreiben	Inscrire
Einschreiben	La lettre recommandée
Einstimmig	À l'unanimité
Einverständnis	L'accord
Einverständnis	Accord (m)
Einverständniserklärung	Accord écrit (m)
Einzelzimmer	Une chambre pour une personne, une chambre individuelle
E-Mail	Un mail
Empfänger	Destinataire: oder Pour:
Empfangsbestätigung	Accusé de réception
Empfehlen	Recommander
Englisch	Anglais
Erhalten	Recevoir, obtenir
Erlauben (sich erlauben)	Permettre de faire quelque chose
Ermächtigen	Autoriser
Erreichen	Joindre
Euroschecks	Eurochèques
Extra	Supplément
Fahrschein	Le billet
Falle (im Falle)	En cas de
Fax	Le fax
Faxgerät	Le fax
Firma	La compagnie, entreprise
Flug	Le vol
Flughafen	L'aéroport
Flughafenzubringer	La navette de l'aéroport

Flugnummer	Le numéro du vol
Folgende	Suivant
Frachtfrei per Nachnahme	Franco de port contre remboursement
Fragen	Demander
Frau	Madame, Mme
Fräulein	Mademoiselle, Mlle.
Frei (Post)	Franco
Frei Haus	Etre faite à domicile
Frei sein	Etre libre
Frei von Entgelt und Abgaben	Franc de taxes et de droits
Frühstück	Le petit-déjeuner
Frühzeitig	Bonne heure
Für die Richtigkeit der Abschrift	P.C.C. (pour copie conforme)
Fürchte (ich fürchte ... im Sinne von leider)	Croire (je crois que)
Garantie	La garantie
Garantiezeit	La période de garantie
Gast	Le client
Gegen (10 Uhr)	Vers 10 heures
Gelegenheit	Une occasion
Genau	Clairement
Genehmigen	Approuver
Genehmigt	Approuver
Gepäck	Les bagages
Geräte	Appareils
Gern (geschehen, bitte)	Je vous en prie, avec plaisir
Gezeichnet	Signé
Gleich (sofort)	Tout de suite
Glückwünsche	Les félicitations
Gültig sein	Etre valable
Gültigkeit	La validité
Handelsregister	Registre du commerce, R.C.
Handy	Un portable
Helfen	Aider
Herren	Messieurs, MM.
Herrn	Monsieur, M.

Herrn Prof.	Monsieur le Professeur
Herzlich	Cordialement
Hiermit	Par la présente
Hinterlassen (Nachricht ...)	Laisser un message
Hinterlegen	Verser
Hoffnung (in der)	Dans l'attente
Höhe (in)	À hauteur
Hotel	Un hôtel
Hotel	Hôtel
i. A. (im Auftrag)	p. o. (par ordre)
i. V. (in Vertretung)	Par délégation
Ich bedanke mich für Ihre Arbeit	Je vous remercie de votre travail
Ihre (Zeichen)	Votre référence
Im Moment	En moment, actuellement
Im Voraus	Par avance
In Höhe	À hauteur
In Reparatur	En réparation
Inklusive (sein)	(Être) compris/e, inclus/e
Inlandflug	Le vol intérieur
Jugendherberge	Une auberge de jeunesse
Kaution	Une caution
Kein(e)	Aucun(e)
Kennen lernen	Rencontrer
Kilometer	Kilomètre
Koffer	Une valise
Kommen (das Kommen, die Anwesenheit)	La présence
Kommen (herkommen)	Venir
Konferenz	La conférence
Konferenzzimmer	La salle de conférences
Kontonummer	Le numéro de compte
Kopie	Copie
Kosten (das kostet ...)	Ce coûte
Kostenlos	Gracieusement
Kostenvoranschlag	Devis
Kreditkarte	Les cartes de crédit
Kundendienst	Le service clientèle

Kunden-Nr.	Le numéro de client
Lage (nicht in der Lage sein)	Etre hors d'état (de)
Langsam	Lentement
Lasten (gehen zu Lasten)	Sont à la charge du destinataire
Laufender Monat	ct (courant)
Leid tun	Etre désolé(e)
Leider	Malheureusement
Leitung	La ligne
Lieferbedingungen	Conditions de livraison
Liefern	Livrer
Lieferung	La livraison/la fourniture
Lieferung frei Haus	La livraison est faite à domicile
Lieferung vom	Livraison du
Luftpost	Par avion/Prioritaire
Luftpostleichtbrief	Aérogramme
Mahnung	Rappel
Mail	Un mail
Mängel	Réclamation
Meeting	La réunion
Meeting	La session, réunion
Mehrwertsteuer	T.V.A. (Taxe sur la valeur ajoutée)
Meinen (dass)	Penser (que)
Mieten	Louer
Mieten (wollen)	(Vouloir) louer
Mietwagen	La voiture de location
Mietwagen	La voiture de location
Missverständnis	Le malentendu
Mitarbeiter	Le collaborateur
Mitteilen	Annoncer
Mitteilen	Communiquer
Möglichkeit	La possibilité
Momentan	Actuellement, en moment
Mühe	Dévouement
Nach (Berlin)	De (Berlin)
Nachfrage (Anfrage)	La requête

Nachricht	Le message
Nächste/r	Prochain/e
Nebenkosten	Frais accessoires
Nehmen (akzeptieren)	Accepter
Noch	Encore
Nötig	Nécessaire
Nummer	Le numéro
Nur	Seulement
Original (Urschrift)	Minute, original
Pauschalbetrag	Une somme forfaitaire
Per	Par
Per (Fax)	Par (fax)
Per procura	Par procuration
Per Telefon	Téléphonique
Personal	Le personnel
Personalabteilung	Le service du personnel
Persönlich	Personnel
Persönlich (jemanden kennen lernen)	Personnellement
Persönliche (Gründe)	Raisons personnelles
Postkarte	Carte postale
Postlagernd	Poste restante
Postscheckkonto	Compte chèques postaux
Ppa.	Par procuration
Präsentation	La présentation
Präsentieren	Présenter
Preis	Le prix
Preisliste	La liste de prix
Preiswert	Moins chère
Pressekonferenz	La conférence de presse
Pro (Tag)	Par (jour)
Prospekt	Une brochure
Prost!	A votre santé!
Protokoll	Le protocole, procès-verbal
Provision	Commission
Qualität	La qualité
Quittung	Un acquit
Raten (in Raten)	(Par) fractions

Rauchen	Fumer
Rechnung	La facture
Rechnungsbetrag	La somme
Rechtschreibung	Orthographie
Rednerliste	Une liste des orateurs
Registrieren, aufnehmen	Enregistrer
Rein netto Kasse	Comptant sans escompte
Reise	Le voyage
Reisen (wollen)	Voyager
Reklamation	Réclamation
Reparatur	Réparation
Reservieren	Réserver
Reservierung	La réservation
Rückfahr-Ticket	Le billet retour
Rückflug	Le vol de retour
Rückkehr	Le retour
Rückschein	Avis de réception
Rücksenden	Retourner
Rundschreiben	Circulaire
Schaden	Dommage
Schätzen (die Höhe)	Evaluer
Scheck	Un chèque
Scheckvermerk	Bon pour francs
Schicken	Envoyer
Schon	Déjà
Schreiben	Ecrire
Schriftlich	Ecrite (lettre écrite), par écrit(e)
Sehr geehrte Dame	Chère Madame
Sehr geehrte Damen und Herren	Mesdames et Messieurs
Sehr geehrter Herr	Cher Monsieur
Senden	Faire parvenir
Servo-Lenkung	La direction assistée
Sie hat die Rednerliste geführt	Elle a tenu une liste des orateurs
Siehe	cf (confère/voir)
Siehe (Anlage 5)	Voir (l'annexe No 5)

Sitzung	La session
Sitzung	La session, réunion
So bald wie möglich	Dès que possible
Sofort	Tout de suite
Sondertarife	Les tarifs spéciaux
Spät	Tard
Spätestens	Au plus tard
Sprechen (mit)	Parler (avec)
Stellvertreter	Le remplaçant
Stören	Déranger
Stornieren	Annuler
Stornierung	Une annulation
Suchen	Chercher
Tagesordnungspunkt	Ordre du jour
Taxi	Le taxi
Teil (einer Lieferung)	Partie d'une livraison
Teilnahme	La présence, la participation
Teilnehmen (an)	Assister (à), prendre part
Teilnehmer	Le participant
Teilnehmerliste	La liste des participants
Telefax	Le fax
Telefonisch	Par téléphone
telefonisch(e Anfrage)	Téléphonique
Telefonnummer	Le numéro de téléphone
Telegramm	Le télégramme
Termin	Un rendez-vous
Ticket	Le billet
Tisch reservieren	Réserver une table
Topic, Top	Le thème
Transport	Le transport
Transportieren	Transporter
Treffen	La réunion, la session
Trotzdem	Néanmoins
Tschüss	Au revoir
Über (einen Übertragungsweg)	Via
Übertragung (von Daten)	La transmission
Überweisung	(Par) virement
Umbuchen	Modifier une réservation

Umgehend	Dans les plus brefs délais, à hauteur
Umgehend, sofort	Rapidement
Umsatz	Chiffre d'affaire
Unfrei (Post)	Port dû
Ungefähr	Approximativement
Unkosten	Les frais
Unsere (Zeichen)	Notre (références)
Unterlagen	Les documents
Unternehmen	La compagnie, entreprise
Unterschreiben	Signer, apposer la signature
Unterschrift	La signature
Unvollständig	Incomplète
Urlaub	Vacances
Verabschieden (Beschluss)	Adopter
Veranstaltung	La manifestation
Verbinden (telefonisch)	Passer
Verbunden sein mit	Etre en communication avec
Verpflichtung	Un engagement
Verrechnungsscheck (per)	(Par) chèque barré
Versammlung	Réunion
Verschicken	Envoyer
Verschieben	Déplacer, ajourner
Versicherung	Une assurance
Verspätet	Tardivement
Verspätung (haben)	Avoir du retard
Versuchen	Essayer
Vertagen	Ajourner, déplacer
Verteilen	Distribuer
Vertrag	Le contrat
Vertrauen (schenken)	(Conserver) la confiance
Vertraulich	Confidentiel
Verzögerung	Le retard
Visitenkarte	La carte (de visite)
Vollmacht	Une autorisation
Voraus	Temps à l'avance
Vorbereitung	La préparation
Vorfall	Incident

Vorhaben (etwas zu tun)	Compter
Vorschlagen	Proposer
Vorsichtig anfassen	Manipuler prudemment
Vorstellen	Présenter
Vorteilhafte (Bedingungen)	(Conditions) avantageuses (f)
Wählen (Nummer)	Composer
Während	Pendant
Warten	Attendre
Weder noch	Ni ... ni ...
Wegen	En raison de
Weitere (Informationen)	(Informations) complémentaires
Weiterhelfen	Aider
Weiterleiten	Faire suivre
Wenden (bitte)	Tourner (s'il vous plaît)
Werk (Fabrik)	Une usine
Wert	Valeur (déclarée)
Wetter	Le temps
Widerruf (bis auf)	(Jusqu'à) nouvel ordre
Wiederholen	Répéter
Wünschen	Désirer
z. B.	Par exemple
Zahlbar	Payable
Zahlungsbedingungen	Conditions de paiement
Zahlungsbedingungen	(Les) conditions de paiement
Zahlungstermin	Date limite de paiement
Zeichen (Ihre/Unsere Zeichen)	Référence (Votre/Notre)
Zeigen	Présenter
Zeitverschiebung	Le décalage horaire
Zeugnis	Certificat
Zimmer	La chambre
Zu Händen	A l'attention de
Zufrieden	Etre satisfait
Zufrieden sein (mit)	Etre satisfait (de)
Zufrieden stellend	Satisfaisant
Zum Beispiel	Par exemple (p.ex.)

Zurzeit	Actuellement, en moment
Zurückerstatten	Faire quelque chose rembourser
Zurückrufen	Rappeler
Zusätzlich	Supplément
Zusätzlich	Supplémentaire
Zustimmung	Approbation
Zweibettzimmer	Une chambre double
Zwischenlandung	Une correspondance

Register